歷代文史要籍注釋選刊

大學通 中庸通

［元］胡炳文◎著 楊柳◎点校

［元］胡炳文◎著 宋健◎点校

華東師範大學出版社
·上海·

圖書在版編目（CIP）數據

大學通／（元）胡炳文著；楊柳點校．中庸通／（元）胡炳文著；宋健點校．— 上海：華東師範大學出版社，2024．—（歷代文史要籍注釋選刊）．—

ISBN 978 - 7 - 5760 - 5071 - 4

Ⅰ．B222.15

中國國家版本館 CIP 數據核字第 2024HN5568 號

大學通 中庸通

歷代文史要籍注釋選刊

著　　者　［元］胡炳文
點 校 者　楊　柳　宋　健
責任編輯　時潤民
責任校對　呂振宇
裝幀設計　盧曉紅
封面題籤　黄俊傑

出版發行　華東師範大學出版社
社　　址　上海市中山北路 3663 號　郵編 200062
網　　址　www.ecnupress.com.cn
電　　話　021 - 60821666　行政傳真 021 - 62572105
客服電話　021 - 62865537　門市（郵購）電話 021 - 62869887
地　　址　上海市中山北路 3663 號華東師範大學校内先鋒路口
網　　店　http://hdsdcbs.tmall.com

印　　刷　江蘇揚中印刷有限公司
開　　本　890 毫米×1240 毫米　1/32
印　　張　8.25
字　　數　186 千字
版　　次　2024 年 7 月第 1 版
印　　次　2024 年 7 月第 1 次
書　　號　ISBN 978 - 7 - 5760 - 5071 - 4
定　　價　49.80 元

出 版 人　王　焰

（如發現本版圖書有印訂質量問題，請寄回本社客服中心調换或電話 021 - 62865537 聯繫）

大學通

國家社科基金「知類・明故・窮理：告孟之辯的意義譜系」階段性成果

山東省高等學校「青創團隊」計劃資助

中庸通

泰山學者工程專項經費資助

山東省高等學校「青創團隊」計劃資助

國家社科基金「先秦儒家『成人』思想的形上意蘊研究」階段性成果

目録

前言

整理者

《大學通》一卷、《中庸通》三卷，元胡炳文撰。

一、其人其書

胡炳文（一二五〇—一三三三），字仲虎，號雲峰，謚文通，徽州婺源人。據考始祖係李唐宗室，爲避朱温之亂，遷居考川，寄姓爲胡。祖父舜卿（名師夔），曾親炙晦翁，精通五經，尤善於《易》。其父聲遠（名斗元），幼承庭訓，後受業於朱子從孫；學成設帳五十餘載嘗謂「乾專言善，性也；坤兼言善不善，情也。乾之善世，吾無及已；坤之積善，吾庶幾勉之」，遂有「孝善先生」之稱。

雲峰少時，勤學穎悟、志趣廣博，「凡諸子百氏、陰陽醫卜、星曆術數，靡不推究」；及其長也，道繼洙泗、學宗考亭，每能「沉潛往聖之書，發揮先儒之論」；迨至暮年，研精覃思，筆耕不輟，嘗「以平暢之文，張幽眇之説」。因患學者「得辭而未通其意」，乃殫半世心力，著《四書通》一部。另有《周易本義通釋》十二卷、《純正蒙求》三卷、《感興詩通》一卷、《雲峰集》十卷存世。

《四書通》内含《大學通》一卷、《論語通》十卷、《孟子通》十四卷、《中庸通》三卷。蓋取會同辨異之法，述幽微宏深之旨，紹朱門後學之功。臨川吴文正公（澄）贊之曰：「有功聖門，莫若朱子；有功朱子，莫若雲峰。」清儒吴英亦歎曰：「自南宋至前明，爲朱子《注》作疏解者多矣。若《四書通》，可謂最善。」

纂述之餘，瘁力講學。前至元二十五年（一二八八），任江寧教諭；大德五年（一三〇一），署道一書院山長；至大三年（一三一〇），與族人胡安國（淀）建明經書院，謂「百年灰冷，一無所求；惟了書院一事，死可無恨」。當時之盛，甲於東南，而門人著者有：王伯武（偁）、程致和（可紹）、姚叔器（璉，一名廷用）、张德庸（存中，一字伯庸）、程光道（益）、顧用衡（權）、吴性初等。

二、撰作緣起

朱注「四書」，用意至深；易簀之際，猶有改筆。若僅泛覽流觀，非惟朱子之苦心不可識，「四書」之要旨亦由此晦。且《集注》語雖平易，意却豐贍，後世難於盡察，故常各取所好：或重典故考索，或主義理發揮。《四庫提要》即言：「朱子以後解『四書』者，如真德秀、蔡節諸家，主於發明義理而已。金履祥始作《論語孟子集注考證》，後有杜瑛《論語孟子旁通》、薛引年《四書引證》、張存中《四書通證》、詹道傳《四書纂箋》，始考究典故。」

觀義理一脈，黄勉齋（榦）有首倡之功，融《集注》、《精義》、《或問》以成《通釋》。真西山（德秀）繼而銓擇刊潤，尤取《或問》、《語録》、《文集》發明衍義。依注作書之餘，另附己見，辨正訛異。後蔡覺軒（模）作《論孟集疏》、祝宗道（洙）作《四書附録》，因兼採張、吕諸賢門人高第往復問答，較前爲繁；但至趙格庵（順孫）作《四書纂疏》，除遍引朱子各書外，旁及後學講章共十三家，讀者病其貿亂而無所折衷。孰知吴克齋（真子）更疊床架屋，匯真氏《集編》、祝氏《附録》、蔡氏《集疏》、趙氏《纂疏》爲《四書集成》，非惟輾轉承誤，且更泛濫無歸。

《注》繹至此，或泛或舛；朱門事業，竟成支離。亟待立綱維以統衆議、溯淵源以訂訛謬。雲峰先生慨然有志於斯，凡朱子以前之説，嫌於補朱子之遺者，皆斥不録；而朱子殁後之述，礙於明朱子之理者，悉删勿存。要在「會之，庶不失其宗；辨之，庶不惑於似」，《四書通》應際而生也。

三、刊刻流傳

延祐六年（一三一九），雲峰與草盧先生書，言：「不自量爲會其通而辨其異，名爲《四書通旨》。初長文未脱稿，更一年當可就也。」後觀該書《自序》作於泰定元年（一三二四），可知文稿訖於此前。初擬名《四書通旨》，後更作《四書通》。

書成未即刊刻。後二年（一三二六）冬，浙江儒學提舉楊志行因其「能删《纂疏》、《集成》之所未是，能發《通釋》、《集疏》之所未發，大有功於朱子，深有益於後學」，遂委令建陽書坊刊印。付梓期間，雲峰門人张德庸（存中）猶憾該書「詳義理而略名物」，補作《通證》，附於其後，天曆二年（一三二九）終成。此即余氏勤有堂刊本，乃《四書通》初刻本（中國國家圖書館藏）。察其所引朱《注》文辭，與今通行本偶有出入，却與淳祐本相合，知所據當係朱子晚年改定。

清初，納蘭容若（成德）輯刻《通志堂經解》，《四書通》與《四書通證》均入其目，却作兩書；後《四庫全書薈要》、《四庫全書》皆遵此例，各自單行。今考《通志堂經解》本，即自「初刻本」出，書前列有鄧文原序、泰定甲子胡炳文自序、《四書通凡例》、《朱子四書引用姓氏》、《四書通引用姓氏書目》、張存中跋，而正文每卷末題「後學成德校訂」六字。《四庫全書薈要》本之鄧文原序與泰定甲子胡炳文自序順序互異；且特將《中庸通》三卷置於《大學通》、《論語通》、《孟子通》之後，改動較有深意。然《四庫全書》本復將其移至《大學通》後，祇刊刻較前略精。

此外，尚有清道光十四年（一八三四）靖江朱勳刻本、同治十二年（一八七三）粤東書局本。後者爲巴陵鍾謙鈞重刻《通志堂經解》本，因用時短促，反不及前。

點校凡例

一、版本。以清康熙《通志堂經解》本爲底本（簡稱「通志堂」本），以摛藻堂《四庫全書薈要》本（簡稱《薈要》本）、文淵閣《四庫全書》本（簡稱《四庫》本）參校。

二、校勘。底本與校本雖一脈相承，然刊刻互有優劣。另，雲峰先生廣引諸家之説，故對校之餘，又涉他校，並輔理校。參考文獻主要有：《四書章句集注》（宋當塗郡齋本與明正統司禮監本）、《晦庵先生朱文公語録》、《四書大全》等。

三、章節。《大學朱子序》與《中庸朱子序》據文意分段，《大學通》據朱注分章。另改雙行夾注爲單行。其餘依原書體例。

四、標點。採用新式標點。爲免引號冗疊，注文首示出處後，不設引號。

五、文字。底本所用異體字改爲通行字，不另作説明。

六、脚注。内容爲校勘記。

七、附録。《四書通》胡炳文自序、鄧文原之序，及《欽定四庫全書薈要·〈四書通〉提要》，對理解本書大有裨益，故列於後。

稱引名氏及書目考

節齋蔡氏[二]：蔡淵（一一五六—一二三六），字伯靜，號節齋，福建建陽人。徵引書目：《庸學思問》、《中庸通書》。

陳氏：陳淳（一一五九—一二二三），字安卿，號北溪，福建龍溪人。徵引書目：《庸學講義》。

北山陳氏：陳孔碩（？—一二三八），字膚仲，號北山，一號三山，福建侯官人。徵引書目：《中庸講義》。

長樂陳氏：陳祥道（一〇四二—一〇九三），字用之，福建閩清人。徵引書目：《禮書》。

定宇陳氏[三]：陳櫟（一二五二—一三三四），字壽翁，號定宇，安徽休寧人。徵引書目：《四書發明》。

永康陳氏：陈亮（一一四三—一一九四），原名汝能，字同甫，號龍川，浙江永康人。徵引書目：未詳。

[二] 一處單稱蔡氏。

[三] 或稱新安陳氏。

永嘉陳氏〔一〕：陳埴（生卒年未詳），字器之，號木鍾，浙江永嘉人。徵引書目：《經説》、《木鍾集》。

温陵陳氏：陳知柔（？—一一八四），字體仁，自號休齋居士，福建永春人。徵引書目：未詳。

勿齋程氏：程若庸（生卒年未詳），字逢原，安徽休寧人。徵引書目：《性理字訓講義》。

方氏：方逢辰（一二二一—一二九一），原名夢魁，字君賜，號蛟峰，浙江淳安人。徵引書目：《中庸大學釋傳》。

慮氏：未詳。

新定顧氏：顧元常（生卒年未詳），字平甫。徵引書目：未詳。

兼山郭氏：郭忠孝（？—一一二八），字立之，號兼山，河南洛陽人。徵引書目：《中庸説》。

河東侯氏：侯仲良（生卒年未詳），字聖師，山西河東人。徵引書目：《中庸説》。

海陵胡氏：胡瑗（九九三—一〇五九），字翼之，世稱安定先生，江蘇海陵人。徵引書目：《中庸義》。

黄氏：黄榦（一一五二—一二二一），字直卿，號勉齋，福建閩縣人。徵引書目：《中庸講義》。

仁壽李氏〔二〕：李道傳（一一六六—一二一三），字貫之，四川井研人。徵引書目：未詳。

〔一〕 或稱潛齋陳氏。

〔二〕 亦稱東窗李氏、淩陽李氏，《四書通》誤作三人。

林氏：林夔孫（生卒年未詳），字子武，號蒙谷，福建古田人。徵引書目：《中庸章句》。

山陰陸氏：陸佃（一〇四二—一一〇二），字農師，號陶山，浙江山陰人。徵引書目：未詳。

東萊呂氏：呂祖謙（一一三七—一一八一），字伯恭，浙江婺州人。徵引書目：《禮記說》。

倪氏：倪士毅（一三〇三—一三四八），字仲弘，安徽休寧人。徵引書目：《四書輯釋》。

潘氏：潘柄（一一六二—？），字謙之，福建懷安人。徵引書目：《四書講說》。

饒氏：饒魯（一一九三—一二六四），字伯輿，一字仲元，號雙峰，江西餘干人。徵引書目：《石洞紀聞》、《饒雙峰中庸講義》。

譚氏：譚惟寅（？—一一九一？），字子欽，號蛻齋，廣東高要人。徵引書目：《中庸義》。

王氏：王柏（一一九七—一二七四），字會之，浙江金華人。徵引書目：《批點標注四書》。

新安王氏：王炎（一一三八—一二一八），字晦叔，一字晦仲，號雙溪，江西婺源人。徵引書目：《雙溪類稿》。

衛氏：衛湜（生卒年未詳），字正叔，江蘇崑山人。徵引書目：《中庸集說》。

江陵項氏：項安世（一一二九—一二〇八），字平甫，號平庵，湖北江陵人。徵引書目：《中庸說》。

熊氏：熊禾（一二四七—一三一二），字去非，號勿軒，福建建陽人。徵引書目：《四書標題》。

永嘉薛氏：薛季宣（一一三四—一一七三），字士龍，號艮齋，浙江永嘉人。徵引書目：《中庸説》。

楊氏：楊時（一〇五三—一一三五），字中立，世稱龜山先生，福建將樂人。徵引書目：《中庸義》。

葉氏：葉賀孫（？—一二三四？），字味道，後以字行，更字知道，浙江永嘉人。徵引書目：《四書説》、《大學講義》。

少藴葉氏：葉夢得（一〇七七—一一四八），字少藴，號石林，江蘇吴縣人。徵引書目：未詳。

建安游氏：游酢（一〇五三—一一二三），字定夫，福建建陽人。徵引書目：《中庸解義》。

袁氏：袁甫（一一七四—一二四〇），字廣微，號蒙齋，浙江鄞縣人。徵引書目：《中庸詳説》。

范陽張氏：張九成（一〇九二—一一五九），字子韶，浙江錢塘人。徵引書目：《中庸説》。

玉淵張氏：未詳。

趙氏：趙順孫（一二一五—一二七七），字和仲，號格庵，浙江縉雲人。徵引書目：《四書纂疏》。

真氏：真德秀（一一七八—一二三五），字景元，一字希元，號西山，福建浦城人。徵引書目：《四書集編》。

延平周氏：周謂（生卒年未詳），字希聖，福建尤溪人。徵引書目：《禮記説》。

大學通

[元]胡炳文 著

楊柳 點校

大學朱子序

後學　胡炳文　通

《大學》之書，古之大學所以教人之法也。《語録》：《大學》是修身治人底規模。又曰：如一部行程曆相似，皆有節次。○《通》曰：經曰「古之欲明明德於天下」，《序》曰「古之大學所以教人之法」，見得自古以來，凡治與教，只是此大學之道。

蓋自天降生民，則既莫不與之以仁、義、禮、智之性矣。《通》曰：《書》曰：「若有恒性。」「六經」言「性」自此始。成湯伐夏之初，誥天下尚且從性上説來，況教人以大學之道乎？所以《序》中「法」字凡五言之，而「性」字亦凡五言之，蓋所以爲大學教人之法者，不過欲人復其仁、義、禮、智之性而已。「性」即經所謂「明德」、所謂「至善」，傳所謂「明命」。朱子《四書》釋仁曰，「心之德，愛之理」；義曰，「心之制，事之宜」；禮曰，「天理之節文，人事之儀則」，皆兼體用；獨「智」字未有明釋。愚嘗欲竊取朱子之意以補之曰：「智則心之神明，所以妙衆理而宰萬物者也。」沈氏曰：「智者，涵天理動静之機，具人事是非之鑒。」

然其氣質之禀或不能齊，是以不能皆有以知其性之所有而全之也。《語録》：氣，是那初禀底；質，是成這模樣了底。只是陰陽五行之氣，衮在天地中，精英者爲人，查滓者爲物。精英之中又精英者，爲聖，爲賢；精英之中查滓者，爲愚，爲不肖。○《通》曰：「若有恒性」，湯言天命之性；「習與性成」，伊尹言氣質之性；孟子性善，言天命之性而未及氣質之性；荀子性惡、揚子善惡混、韓子三品，言氣質之性而不及天命之性；至周子《太極圖》，始即太極言其本然者，即陰陽五行言其氣質者；張子曰「形而後有氣質之性，善反之，則天地之性存焉」，性之説至是明且備矣。此《序》所以必兼言之也，一部《大學》只是知與行。氣屬天，主知；質屬地，主行。氣之禀有清濁之不齊，故不能皆有以知其性之所有；質之禀有純駁之不齊，故不能皆有以全其性之所有。**一有聰明睿知**[二]**能盡其性者出於其間，則天必命之以爲億兆之君師，使之治而教之，以復其性。**《通》曰：聰明睿知者，氣最清，則知之至；能盡其性者，質最純，則行之至。「天必命之以爲億兆之君師」，君以治之，師以教之，皆不過使之復其性而已。三代以前，爲人君者只從大學之道做出許多事業，君、師之責叢於一身；三代以後，大學不明，間有因才質之美以成事者，終無明明德、新民之功，君道有略得之者，師道絶無矣。**此伏羲、神農、黄帝、堯、舜所以繼天立極，而司徒之職、典樂之官所由設也。**《語録》：古者教法，禮、樂、射、御、書、數不可闕一；就中「樂」之教尤親切。夔教胄子只用樂，大司徒之職也是用樂。

[二] 「知」，《四書章句集注》當塗郡齋本作「智」。

蓋是教人朝夕從事於此，拘束得心長在這上面。蓋樂有節奏，學他底，急也不得，慢也不得；久之，都換了他性情。○《通》曰：當此之時，其法未備，司徒之職統教百姓，典樂之官專教胄子而已。

三代之隆，其法寖備，然後王宫、國都以及閭巷，莫不有學。人生八歲，則自王公以下，至於庶人之子弟，皆入小學，而教之以洒掃、應對、進退之節，禮、樂、射、御、書、數之文。

熊氏曰：按，《大戴記·保傅》篇：「古者年八歲出就外舍，學小藝焉，履小節焉；束髮就大學，學大藝焉，履大節焉。」注曰：「小學，爲庠門，一作虎闈。大學，在王宫之東。束髮，謂成童。」《尚書·大傳》曰：「公、卿之太子，元士之嫡子，年十三入小學，年二十入大學。」此王子入學之期也。《白虎通》曰：「八歲入小學，十五入大學。」此太子之禮也。按，年數或有不同，而文公獨以《白虎通》爲斷。○齊氏曰：洒掃，《内則》所謂「雞初鳴，洒掃室堂及庭」，《曲禮》所謂「爲長者糞，加帚箕上，以袂拘而退，使塵不及長者，以箕自向而扱之」之類是也。應對，《内則》所謂「在父母之所，有命之，應唯敬對」，《曲禮》所謂長者「負劍辟咡詔之（負，置之於背。劍，挾之於旁。口耳之間曰咡。辟咡詔之，傾頭與語），則掩口而對」，「長者不及，則毋儳言」之類是也。進退，《内則》所謂「在父母之所，進退周旋慎齊，升降出入揖游，不敢噦噫、嚏咳、欠伸、跛倚」，《曲禮》所謂「凡與客入者，每門必讓於客；從主人登，拾級聚足連步以上」，及「堂上接武，堂下布武」之類是也。禮習於度數之節文，所以教之中也。古者五禮：吉、凶、軍、賓、嘉。樂明於聲音之高下，所以教之和也。古者六樂：《雲門》、《大咸》、《大韶》、《大夏》、《大濩》、《大武》。射法，一弓挾四矢，驗其正鵠之中否，以觀德行。古有五射：白矢、參連、剡注、襄尺、井儀。御法，一車乘四馬，御者執轡立於車上，欲調習不失馳驅之正也。古者五御：鳴和鸞、逐水曲、過君表、舞交衢、逐禽左。和，金口木舌。鸞，金口金舌。鳴和鸞者，御之常；過君表者，御之變。舞交衢，如今十字街轉過。過君表，語出《詩·小雅·車攻》疏。書，書字之體可以見心畫。古有六書：象形、會意、轉注、處事、假借、諧聲。數，算數之法可以盡物變。古者九數：方田、粟布、衰分、少廣、商功、均輸、盈朒、方程、勾股。大司徒所以教萬民而賓興之者，始以六德，繼以六行，後及於六藝，非八歲以上者所能盡究其事，不徒使曉其名物而已。故上三者言「節」，而此六者言「文」。文者，名物之謂也，非其事也。○《通》曰：灑掃、應對、進退以「節」言者，小學不惟當習其事，事之中有品節存焉，是小學當行之事也。禮、樂、射、御、書、數以「文」言者，小學未能習其事，姑習其文義而已，是小學當知之事也。**及其十有五年，則自天子之元子、衆子，以至公、卿、大夫、元士之適子，與凡民之俊秀，皆入大學，而教之以窮理、正心、修己、治**平聲**人之道。此又學校之教、大小之節所以分也。**陳氏曰：初間未知知、愚，皆當教之；到十五年，則知、愚可見矣，故入大學須有別。天子之元子，當有天下之責；衆子，當建國立侯；公、卿、大夫、元士之適子，當有家之責，故皆在所教。庶人，則唯俊秀者乃得與，以其亦將任之以位也。○《通》曰：窮理，知之事；正心、修己、治人，行之事。當此之時，其法始備，有國學，有鄉學；而學之中，又有大學，有小學焉。

夫以學校之設，其廣如此，教之之術，其次第節目之詳又如此，而其所以爲教，則又皆本之人君躬行心得之餘，不待求之民生日用彝倫之外，定宇陳氏曰：上言學校施教之法，此言君身爲立教之本，即所謂億兆君師「繼天立極」者。○《通》曰：躬行是行，心得是知。彝倫，是仁、義、禮、智之性。**是以當世之人無不學。其學焉者，無不有以知其性分之所固有、職分之所當爲，而各俛焉以盡其力。**《通》曰：前說上之所以爲教，此說下之所以爲學。其教皆本於知、行，故學焉者，「知其性分之所固有、職分之所當爲」，是知；「各俛焉以盡其力」，是行。**此古昔盛時所以治**去聲**隆於上、俗美於下，而非後世之所能及也！**《通》曰：此言古之治法，與古者教人之法相應。上之教如此，所以治隆於上；下之學如此，所以俗美於下。

及周之衰，賢聖之君不作，學校之政不修，教化陵夷，風俗頹敗，時則有若孔子之聖，而不得君師之位以行其政教，於是獨取先王之法，誦而傳之，以詔後世。《通》曰：此時其法已廢。前乎此，聖賢得君師之位，以身爲教，人人能行大學之道；後乎此，聖賢不得君師之位，以書爲教，詔後世使知有大學之道也。**若《曲禮》、《少儀》、《内則》、《弟子職》諸篇，固小學之支流餘裔，而此篇者，則因小學之成功，以著大學之明法，外有以極其規模之大，而内有以盡其節目之詳者也。**齊氏曰：三代小學之全法僅存其一二，故曰「支流餘裔」。《曲禮》、《内則》、《少儀》，見《禮記》。《弟子職》，見《管子》。此四書，作於春秋時，三代小學之全法僅存其一二，故曰「支流餘裔」。支流，水之旁出者，非正流也。裔，衣裾之末。〇《通》曰：規模廣大而本末不遺，如明明德、新民、止至善，三綱領是也。節目詳明而始終有序，如格、致、誠、正、修、齊、治、平，八條目是也。**三千之徒，蓋莫不聞其説，而曾氏之傳獨得其宗，於是作爲傳義，以發其意。及孟子没而其傳泯焉，則其書雖存，而知者鮮矣！**《通》曰：三代之隆以前，所謂大學之道人皆能行之；孟子之没以後，雖有《大學》之書，而人已鮮能知之矣。

自是以來，俗儒記誦詞章之習，其功倍於小學而無用；《文集》：自聖學不傳，爲士者不知學之有本，而所以求於書者，不越乎記誦文辭之間。是以天下之書愈多，而理愈昧；學者之事愈勤，而心愈放。詞章愈麗，議論愈高，而其德業、事功之實，愈無以逮乎古人。〇《通》曰：記誦者，口耳之得，而非得於心；詞章者，枝葉之盛，而非盛於本。**異端虚無寂滅之教，其高**

過於大學而無實。《通》曰：此一「教」字，朱子蓋深歎古者唯有大學之教，而後世又有所謂異端之教也。此之虛，虛而有；彼之虛，虛而無。此之寂，寂而感；彼之寂，寂而滅。故曰「高而無實」。其他權謀術數，一切以就功名之説，與夫百家衆技之流，所以惑世誣民、充塞仁義者，又紛然雜出乎其間。《通》曰：夫子以管仲爲器小，此所謂「權謀術數」是也；子夏以小道爲「致遠恐泥」，此所謂「百家衆技之流」是也。是皆不知有大學之道而行之者也。然當時猶未有所謂《大學》之書，秦漢以來有《大學》之書，又未聞有知而能行者，何哉？使其君子不幸而不得聞大道之要，其小人不幸而不得蒙至治之澤，晦盲否塞，反覆沈痼，以及五季之衰，而壞亂極矣！《通》曰：惑世誣民，使斯民昏而不能知。充塞仁義，使斯道壅而不能行。晦盲，全無能知者；否塞，全無能行者，所以爲壞亂之極也。大道之要，是《大學》書中所載者；至治之澤，是自《大學》中流出者。上之人無能知此《大學》，故君子不得聞大道之要；上之人無能行此《大學》，故小人不得蒙至治之澤。天運循環，無往不復。宋德隆盛，治教休明。於是河南程氏兩夫子出，而有以接乎孟氏之傳，實始尊信此篇而表章之，既又爲之次其簡編，發其歸趣，然後古者大學教人之法、聖經賢傳之指，粲然復明於世。雖以熹之不敏，亦幸私淑而與去聲有聞焉。顧其爲書猶頗放失，是以忘其固陋，采而輯之，間亦竊附己意，補其闕略，以俟後之君子。極知僭踰，無所逃罪，然於國家化民成俗之意、學者修己治人之方，則未必無小補云。

〔《通》曰〕：《大學章句》所以於「國家化民成俗」有補者，古今帝王之所以爲治，不能外此大學之道也；於「學者脩己治人」有補者，古今聖賢之所以爲學，不能外此大學之道也。

淳熙己酉二月甲子，新安朱熹序

定宇陳氏曰：此《序》分六節，精義尤在第二節。曰「知其性之所有而全之」，曰「教之以復其初」是也。朱子論學，必以復性初爲綱領要歸：《語》首注「學」字曰「人性皆善」，曰「明善而復其初」；《小學題辭》曰「仁義禮智，人性之綱」，曰「德崇業廣，乃復其初」；此書釋「明明德」，亦曰「遂明之以復其初」，與此《序》凡四致意焉。聖人盡性，盡其本全者也；學者復其性，復而後能全也。欲知性之所有，在格物以致其知；欲復全其性之所有，在誠意、正心、修身以力於行而已。讀此《序》、此書者，其以知性之所有，與復其性初爲要領，以知行爲工夫而融貫其旨云。

大學朱子序

大學

朱子章句

後學　胡炳文　通

子程子曰：「《大學》，孔氏之遺書，而初學入德之門也。」於今可見古人爲學次第者，獨賴此篇之存，而《論》、《孟》次之。學者必由是而學焉，則庶乎其不差矣。《語録》：《大學》是爲學綱領，通得《大學》了，去看他經，方見得此是格物、致知事，此是誠意、正心事，此是修身事，此是齊家、治國、平天下事。○新定邵氏曰：他書言平天下本於治國，治國本於齊家，齊家本於修身者有矣，言修身本於正心者亦有矣；若夫推正心之本於誠意，誠意之本於致知，致知之在於格物，則他書未之言也。六籍之中，惟此篇而已。○《通》曰：「六經」皆是教人爲學，然學之次第未有如此書之首尾有倫也。故學者當以爲入德之門，由是而堂而奥，不差矣。朱子曰：「敬者，聖學之所以成始而成終也。」學者必以是爲主焉，則不差矣。

經

大學之道，在明明德，在親民，在止於至善。

程子曰：「親，當作新。」〇大學者，大人之學也。〖《通》曰〗：鄭氏以大學爲博學，藍田呂氏謂聖人所以教人之大者；朱子以爲因小學之成功，著大學之明法，小學是小子之學，大學是大人之學，以年之大小言。

明，明之也。明德者，人之所得乎天，而虚靈不昧，以具衆理而應萬事者也。《語録》：或問：「明德是心是性？」曰：「心與性自有分别：靈底是心，實底是性。性便是那理，心便是盛貯該載、專施發用底。心屬火，緣他是箇光明發動底物，所以具得許多道理。如向父母，則有那孝出來；向君，則有那忠出來，這便是性。如知道事親要孝，事君要忠，這便是心。程子〔一〕曰『心統性情』，此説最精密。」〇黄氏曰：虚靈不昧，明也。具衆理應萬事，德也。具衆理者，德之體，未發者也；應萬事者，德之用，已發者也。而所以應萬事者，即具衆理者之所爲也。其所以爲德者，皆虚靈不昧，

〔一〕「程子」，恐爲「張子」之誤。

故謂「明德」。○陳氏曰：虚靈，以氣言；不昧，以理言。○盧氏曰：明德只是本心。虚者，心之寂；靈者，心之感。心猶鑒然，虚猶鑒之空，靈猶鑒之照。惟虚，故具衆理；惟靈，故應萬事。○《通》曰：「明明德」一句，是《大學》一書之綱領，所以《章句》釋「明明德」一句，亦該一書之旨。才説「具衆理」，已該格物、致知。格物、致知者，即事窮理而衆理之具者無不貫也。才説「應萬事」，已該誠、正、修、齊、治、平。誠、正、修、齊、治、平者，以理應事而萬事之應者無不當也。

但爲氣稟所拘，人欲所蔽，則有時而昏；然其本體之明，則有未嘗息者。故學者當因其所發而遂明之，以復其初也。《語録》：孩提之童無不知愛親，及長無不知敬兄，此良心便是明德；只爲私欲所蔽，故暗而不明。明明德者，求所以明之也。譬如鏡焉，本是箇明底物，緣爲塵昏却，故不能照，須是磨去塵垢，然後鏡明。○金氏曰：拘者，束而不開之謂。蔽者，蓋而不見之謂。○黄氏曰：平旦之氣，好惡與人相近，固是發處。處事接物而行其所當然，讀書玩理而喜其所可法，皆是發處。因其發而遂明之，則若火然泉達，有不可禦者。發者自發，而不加明之之功，則雖有萌蘖之生，牛羊又從而牧之矣。○齊氏曰：本體之明未嘗息：如今人非能仁者，而知孺子入井之可憐；行道之人非能義者，而知呼爾之可羞。雖昏愚之極，其得於天者本無間斷也。○《通》曰：《章句》釋「明德」專以心言，而包性、情在其中。「虚靈不昧」是心，「具衆理」是性，「應萬事」是情。「有時而昏」，又是説心。「本體之明」，又是説性。「所發」，又説情。蓋心雖有時而昏，然性之本體具於心，則不可得而泯，故必有時而發焉。學者當因其發之端而遂明之，即孟子言仁、義、禮、智之端，而謂「知皆擴而充之」也。

新者，革其舊之謂也，言既自明其明德，又當推以及人，使之亦有以去其舊染之污也。陳氏曰：新與舊對，明者暗，則舊矣；今爲之開導誘掖，使去舊染，又成一箇新底。○《通》曰：心之虛靈，我與民同。在我者有時而昏，昏者虛靈之反也，如之何不自明？在彼者有舊染之污，污亦虛靈之反也，如之何不使之自新？然所謂「新民」，非强有以新之也，或使之得於觀感，或使之由其政教，不過有以作其自新之機爾。

止者，必至於是而不遷之意。王氏曰：「必至於是」是一意，「不遷」是一意。○《通》曰：「必至於是」，知至至之之事也；不至於是，不可以言「止」。「不遷」，知終終之之事也；至於是而或遷，亦不可以言「止」。

至善，則事理當然之極也。饒氏曰：「至善」只是事物當然之則，非指造極之地而言也。○《通》曰：此「極」字，本傳中「君子無所不用其極」。《或問》曰：「是其所以得之於天，而見於日用之間者，固已莫不各有本然一定之則。」真氏釋之曰：「則，法則也。天下之理皆天實爲之，莫不有一定之法，非人力所可增損，故曰則。」然則所謂「事理當然之極」者，事理當然之則也。下文曰「有以盡夫天理之則」也，曷嘗以「造極之地」爲言哉？○《語録》：明德、新民，初非人力私意所爲，本自有一箇當然之則。過不可，不及亦不可，須是要到當然之則田地而不遷，方是止於至善。○饒氏曰：以「明明德」對「新民」，則明明德爲主；以「明明德」、「新民」對「止至善」，則止至善爲重。故下文自「知止」至「能得」，專爲止至善言之。格物、致知，是要知得至善在何處；誠意、正心、修身，是要行到那至善處。

言明明德、新民，皆當止於至善之地而不遷。蓋必其有以盡夫天理之極，而無一毫人欲之私也。盧氏曰：至善，是明德本然之則；止於至善，是明明德之則，亦明明德於天下之則。○金氏曰：前云「人欲所蔽」，後云「人欲之私」：前是麄底人欲，後是細底人欲。前人欲是耳、目、鼻、口、四肢之欲，與夫情欲利害之私而已。後人欲是孟子所謂「智鑿」，與所謂「内交」、「要譽」、「惡其聲」，程伯子所謂「自私用智」，程叔子所謂「私意妄爲」，張宣公所謂「有爲而爲」者，蓋有一毫人力私智之爲，便不是天理之極。聖賢分畫，理欲限界，甚嚴甚細。○《通》曰：異端之教，言理不言事；《大學》之教，言理必及於事。故《章句》釋「明德」，則曰「具衆理」、「應萬事」；及釋「至善」，則曰「事理當然之極」。事事物物各有一理，故曰「衆理」；事物之理各有其極，故曰「事理當然之極」。事理當然之極，即天也，故末又曰「天理之極」。一實萬分，故曰「衆」；會萬爲一，故曰「天」。

此三者，大學之綱領也。盧氏曰：明明德，是下文格物、致知、誠意、正心、修身之綱領；新民，是下文齊家、治國、平天下之綱領；止至善，總明明德、新民而言，又八者逐條之綱領。要而言之，則

「明明德」又爲三者之綱領，乃《大學》一書之大綱領也。○《通》曰：「綱」如綱之有綱，舉其大者；「領」如衣之有領，挈其要者。

知止而后有定，定而后能靜，靜而后能安，安而后能慮，慮而后能得。

止者，所當止之地，即至善之所在也。知之，則志有定向。靜，謂心不妄動。安，謂所處而安。慮，謂處事精詳。得，謂得其所止。《語録》：知止，只是識得一箇去處；既已識得，則心中便定。靜，是就心上說；安，是就身上說。定、靜、安相去不遠，但有淺深耳。與《中庸》動、變、化相類，皆不甚相遠。「定」、「靜」、「安」、「慮」、「得」五字，是功效次第，不是工夫節目；才知止，自然相因而見。○藍田吕氏曰：所謂「知止」者，猶行者之所欲至，射者之所欲中；雖未至也，雖未中也，必至、必中而已。○黄氏曰：如知君止於仁，則胸中定以仁爲向。○饒氏曰：知止，譬如識得稱上星兩；慮，是將稱來稱量物之輕重。○熊氏曰：靜，謂存養之密。能安，安其所止。能慮，謂省察之精。能得，得其所止。此一節，本節齋蔡氏，發明文公未盡之旨。○方氏曰：慮，只是能處置事。異端亦說得能定、靜、安，只是處置事物不下，便是不能慮。慮，是定、靜、安了又能慮。○《通》曰：「知止」二字，讀者多作用力字看，殊不知用力只在下文格物、致知上。按，《章句》於下文曰：「修身以上，明明德之事。齊家以下，新民之事。」則前三句皆是說工夫，曰：「物格、知至，則知所止矣。意誠以下，則皆得所止之序。」則此五句，皆是說功效。蓋格物、致知，則求知所止，是工夫；物格、知至，則已知所止矣，是功效。定、静、安、慮、得，又是知止之功效。定而能静，則事未來而此心之寂然不動者不失；安而能慮，則事方來而此心之感而遂通者不差。

物有本末，事有終始，知所先後，則近道矣。

明德爲本，新民爲末。知止爲始，能得爲終。本始所先，末終所後。此結上文兩節之意。盧氏曰：「物有本末」，結第一節；「事有終始」，結第二節；「知所先後，則近道矣」兩句，再總結兩節。一箇「先」字，起下文六箇「先」字；一箇「後」字，起下文七箇「後」字。是不特結上兩節，亦所以起下兩節之意也。○金氏曰：不結曰「此是大學之道」，而曰「則近道矣」，蓋道者當行之路，行著便是道上。「知所先後」，方是知得，方見得在面前了。未踏在道上，所以只曰「近」。

古之欲明明德於天下者，先治其國；欲治其國者，先齊其家；欲齊其家者，先修其身；欲修其身者，先正其心；欲正其心者，先誠其意；欲誠其意者，先致其知；致知在格物。治，平聲；後放此。

明明德於天下者，使天下之人皆有以明其明德也。《通》曰：章首三「在」，一篇之要領；「明明德」一句，又三「在」之要領。所以前一截説綱領，以「在明明德」一句先之；後一截説條目，亦以「明明德於天下」一句先之。不曰「平天下」，而曰「明明德於天下」，人皆自明其明德，則天下平矣。

心者，身之所主也。盧氏曰：八者以心爲主。自天下而約之，以至於身，無不統於一「心」；自意而推之，以至於萬事萬物，無不管於一「心」。曰格、曰致、曰誠，皆「正心」上功夫；曰修、曰齊、曰治、曰平，皆自「正心」中出。

誠，實也。意者，心之所發也。實其心之所發，欲其一於善[一]**而毋自欺也。**《語録》：心，言其統體；意，是就其中發出。或問：「意特心之所發爾，今欲正其心者，先誠其意，似倒説了？」曰：「心無形影，教人如何撑柱？須是從所發處下手。」〇心體何嘗不正，所以不得其正者，蓋由邪惡勃勃而興，有以動其心也。譬之水焉，本自瑩淨寧息，蓋由波濤洶湧，水遂爲其所激而動也。〇

《通》曰：《中庸》言「誠身」，《大學》但言「誠意」。誠身，是連誠意、正心、修身都説了，是説身之所爲者實；此則欲心之所發者實。《章句》「所發」二字，凡兩言之：「因其所發而遂明之」者，性發而爲情也；「實其心之所發」者，心發而爲意也。朱子嘗曰：「情，是發出恁地；意，是主張要恁地。情如舟車，意如人使那舟車一般。」然則性發爲情，其初無有不善，即當加夫明之之功，是統體説。心發而爲意，便有善不善，不可不加夫誠之之功，是從念頭説。又按，《章句》初本「實其心之所發，欲其自慊而無自欺」，後改作「一於善而無自欺」。朱子嘗曰：「只是一箇心，便是誠；纔有兩心，便自欺。」愚謂《易》以陽爲君子，陰爲小人，陽實而陰虚，陽一而陰二也。一則誠，二則不誠。君子爲

[一]「欲其一於善」，《四書章句集注》初作「欲其必自慊」，司禮監本从之。

善去惡，表裏爲一，一則實，實則充足於中，便有自慊之意。小人亦豈全無爲善之念？亦豈甘於爲惡之歸？但表裏爲二，二則虛，虛則欲掩覆於外，不無自欺之蔽。《章句》「一於善」三字，有旨哉。

致，推極也。知，猶識也。推極吾之知識，欲其所知無不盡也。格，至也。物，猶事也。窮至事物之理，欲其極處無不到也。《語録》：致，如以手推送去之義。凡經、傳中云「致」者，其義皆如此。爲自家元有此物，但爲他物所蔽，而今便要從那知處推開去。是因其所已知，而推之以至於無不知也。○人多把這道理作一箇懸空底物，《大學》不說窮理，只說格物，便是要人就事上理會，如此方見得實體。○格物，是零細說；致知，是全體說。○「欲」與「先」字，謂如欲如此，則先如此，是言功夫節次。若「致知在格物」，則致知便在格物上。「欲」字與「先」字差慢，「在」字又緊。○格物，十事格得九事通透，一事未通透，不妨；一事只格得九分，一分格不得，最不可。凡事不可着箇「且」字，其病甚多。○《通》曰：《章句》初本云「欲其所知無不切」，後改「切」爲「盡」，本孟子「盡心」之「盡」也。「盡心」章《集注》曰，「心者，人之神明，具衆理而應萬事」，即此所謂「虛靈不昧，以具衆理而應萬事」。此章《或問》則又曰：「知者，心之神明，所以妙衆理而宰萬物。」其釋「知」字與釋「明德」，政自相應。蓋此心本具衆理，而妙之則在「知」；此心能應萬事，而宰之亦在「知」。具者，其體之立；有以妙之，則其用行。應者，用之行；有以宰之，則其體立。明德中自具全體大用，「致知」云者，欲其知之至，而此心之全體大用無不明也。《大學》前分事與物言，若物自物，事自事；此獨言物，物猶事也。大抵有一事必有一理，理本非空虛無用之物，《大學》教人即事以窮理，亦惟恐人爲空虛無用之學。世之學者論事則支離，而不根於理；言理則空虛，而不貫於事，未免岐理與事而二之。所以《章句》釋「明德」則兼事與理，釋「至善」亦曰「事理」，釋「格物」亦曰「窮至事物之理」。心外無理，理外無事，即事以窮理，明明德第一功夫也。故不曰「欲致其知者，先格其物」，而曰「致知在格物」，此一「在」字，又與章首三「在」字相應。《大學》綱領所在，莫先於「在明明德」；而明明德工夫所在，又莫先於「在格物」。

此八者，《大學》之條目也。【《通》曰】：條目有八，《章句》獨釋「誠意」、「致知」、「格物」：致知，是夢覺關，過得此關，方是覺，不是夢；誠意，是人鬼關，過得此關，方是人，不是鬼。釋之詳略，固有意也。

物格而后知至，知至而后意誠，意誠而后心正，心正而后身修，身修而后家齊，家齊而后國治，國治而后天下平。

物格者，物理之極處無不到也。知至者，吾心之所知無不盡也。《語録》：知止，則「知」字爲重，言知其所當止也；知至，則「至」字爲重，言其知識到極處也。

知既盡，則意可得而實矣；意既實，則心可得而正矣。《語録》：意是動，心該動靜。○熊氏曰：「知」字是就心之知覺不昧上説，「意」字是就心之念慮方萌處説。○【《通》曰】：《章句》「可得」二字，蓋謂知此理既盡，然後意可得而實；非謂知之既至，不必加誠意之功也。意既誠，則心之用可得而正；非謂意誠之後，不必加正心之功也。然但曰「知既盡，則意可得而實」，不曰「知既盡，然後實其意」；但曰「意既實，則心可得而正」，不曰「意既實，而後正其心」。蓋知、行二者，貴於並進。「先」、「後」二字，聖人但略言其序之不可紊，而其功之不可缺者，非必了一節無餘，然後又了一節也，是當會於言意之表可也。

修身以上，明明德之事也。齊家以下，新民之事也。物格知至，則知所止矣。意誠以下，則皆得所止之序也。熊氏曰：自物格、知至而意誠、心正，是博而反約，就開闊處收斂教細密；自意誠、心正以至於天下平，是由約而施博，又自細密處推到開闊。○《通》曰：以朱子之言推之，綱領第一節三句説工夫，第二節五句説功效；條目第一節六箇「先」字，是逆推工夫，第二節七箇「後」字，是順推功效。

自天子以至於庶人，壹是皆以修身爲本。

壹是，一切也。《語録》：《漢書・平帝紀》「一切」，顔師古注：「猶以刀切物，取其齊整。」

正心以上，皆所以修身也。齊家以下，則舉此而措[一]之爾。

[一] 「措」，《四書章句集注》當塗郡齋本作「錯」。

其本亂而末治者，否矣。其所厚者薄，而其所薄者厚，未之有也。

本，謂身也。所厚，謂家也。此兩節結上文兩節之意。《文集》：條目凡八，而章末獨以修身、齊家結之，亦猶前章「知所先後」之云，而指益深矣。○《通》曰：前節則於工夫中拈出「修身」正結，此節則於功效中拈出「身」與「家」反結。治天下有本，身之謂也；治天下有則，家之謂也。章末獨舉「身」與「家」而言者，爲「明明德於天下」者言也。彼庶人雖無治國、平天下之事，身亦不可以不修，家亦不可以不齊，然則亦爲庶人言也。天子非此《大學》之道，不可以爲君；庶人非此《大學》之道，不可以爲人，在《大學》者可不言矣。

右經一章，蓋孔子之言，而曾子述之。凡二百五字。**其傳十章，則曾子之意而門人記之也。舊本頗有錯簡，今因程子所定，而更考經文，別爲序次如左。**凡一千五百四十六字。

凡傳文，雜引經傳，若無統紀，然文理接續，血脈貫通，深淺始終，至爲精密。熟讀詳味，久當見之，今不盡釋也。

傳一

《康誥》曰：「克明德。」

《康誥》，《周書》。克，能也。《語録》：德之明與不明，只在人之克與不克。克，只是真箇會。○定宇陳氏曰：《康誥》曰：「惟乃丕顯考文王，克明德慎罰。」此只取上三字，亦引經活法。「顧諟天之明命」，亦去「先王」二字。

《大甲》曰：「顧諟天之明命。」

《大甲》，《商書》。顧，謂常目在之也。諟，猶此也，或曰審也。天之明命，即天之所以與我，而我之所以爲德者也。常目在之，則無時不明矣。《語録》：上下文都說「明德」，這裏却說「明命」。蓋天之所以與我，便是明命；我之所得以爲性者，便是明德。「命」與「德」皆以「明」爲言，是這箇物本自光明，我自昏蔽了他。○天即人，人即天。人之始生，得於天也；天既生此人，則天又在人矣。凡語言、動作、視聽，皆天也，只今說話，天便在這裏。顧諟者，只是心裏常常存著此理在，一出言，則言必有當然之則，不可失也；一行事，則事必有當然之則，不可失也。不過如此爾，豈實有一物之可見其形象邪？○常存此心，知得這道理光明不昧。方其静坐未接物也，此理固湛然清明；及其遇事而應接也，此理亦隨處發見。只要常提撕省察，念念不忘，存養久之，則是理愈明，雖欲忘之而不可得矣。○方氏曰：今人多昏昧，一似無此明命；若常見其在前，則凜然自不敢放肆。○新安吴氏曰：言德則命在其中，故釋「明德」曰「人之所得乎天」；言命則德在其中，故釋「明命」曰「天之所以與我，而我所以爲德者」。○《通》曰：顧諟，猶言看此。此，吾之本心也；此，天之所以與我者也；此，即所謂至善也。目常在此而不失，心常在此而不忘。「顧諟」二字，有省察意，亦有存養意，蓋此心要常常警覺而操存之也。

《帝典》曰：「克明峻德。」

《帝典》，《堯典》，《虞書》。峻，大也。 方氏曰：人之德未嘗不明，其明未嘗不大，但人自昏之耳。堯能明其大德，而無昏昧狭小之累，是則所謂止於至善也。

結所引《書》，皆言自明己德之意。 盧氏曰：明者是自明，昏亦是自昏，玩「自」之一字，使人惕然警省。要而言之，「克明德」是自明之始事，「克明峻德」是自明之終事，「顧諟明命」之句在中間，是自明工夫。此章雜引三書，而斷以一言，其文理血脈之精密如此，可不熟讀而詳味之乎？後章皆然。○饒氏曰：所引三書，先後不倫，取其辭非取其人也。後凡引《詩》、《書》者，皆當以此觀之。

皆自明也。

○《通》曰：曰「克明」、曰「顧諟」，是明之之功，釋上一「明」字；「明命」，是本明之性，釋下一

「明」字。而末則結之曰「皆自明也」，「自」字最緊要：在《大學》則爲「自慊」，在《中庸》則爲「自成」、「自道」，在《易》則爲《乾》之「自强」、《晉》之「自昭」。其機皆由乎我，而由人乎哉？

右傳之首章。釋明明德。

此通下三章至「止於信」，舊本誤在「没世不忘」之下。

傳二

湯之《盤銘》曰：「苟日新，日日新，又日新。」

盤，沐浴之盤也。 新定邵氏曰：日日盥頮，人所同也；日日沐浴，恐未必然。《内則》篇記子事父母，不過五日燂湯請浴、三日具沐而已。斯銘也，其殆刻之盥頮之盤歟？○《通》曰：愚按，以盤爲沐浴之盤，本孔氏注；邵氏之説雖無關於日新之大旨，然於盤字或有小補云。

銘，名其器以自警之辭也。 方氏曰：《盤銘》三句，第一句是入頭處。舊看《盤銘》，以爲重在後兩句，今看得重在前一句。

苟，誠也。 《語録》：苟，誠也。緊要在此一字。○方氏曰：「苟」訓「誠」，古訓釋皆如此，須是真於一日之間決其自新之機，方能日日新、又日新。蓋實能一日自新，則工夫方接續做得。今學者只説日新，却不曾果決真實做得一日工夫。○《通》曰：「苟」字是志意誠確於其始，「又」字是工夫接續於其終。

湯以人之洗濯其心以去惡，如沐浴其身以去垢。故銘其盤，言誠能一日有以滌其舊染之污而自新，則當因其已新者，而日日新之，又日新之，不可略有間斷也。 真氏曰：身之有垢，人猶知沐浴以去之，惟恐其體污穢。至於心者，神明之府，乃甘心爲利欲所昏，而不肯一用其力以去之。是以形體爲重，以心性爲輕，豈不謬哉？○嚴陵方氏曰：「苟日新」者，言日新之有始也；「日日新」者，言日新之有繼也；「又日新」者，言日新之有加也。○盧氏曰：經首言「明明德」，而以「明明德於天下」繼之。此釋「新民」，而以自新之事首言之。所以見明明德無人己之間，經傳各互文以見義也。○饒氏曰：此章釋「新民」，如何説《盤銘》三句？蓋民心本自好善惡惡，孰不欲自新？新之雖在民，而所以作而新之之機實在我，故自新爲新民之本。○定宇陳氏曰：德日新之藴，自仲虺發之，湯采之爲此銘，伊尹又本之，以告大甲曰：「惟新厥德，終始惟一，時乃日新。」

《康誥》曰：「作新民。」

鼓之舞之之謂作。言振起其自新之民也。盧氏曰：鼓舞而作興之者，非曰吾德方明，而脅民之必從；亦非曰吾德已明，而聽民之自化。○《通》曰：此正釋「新民」，所引只添一「作」字。蓋我能自明其明德，又能鼓舞斯民，使之皆自明其明德，故謂之「作」。前章言「顧諟」，是時時提撕警覺其在我者；此所謂「作」，是又時時提撕警覺其在民者。

《詩》曰：「周雖舊邦，其命惟新。」

《詩》，《大雅·文王》之篇。言周國雖舊，至於文王，能新其德以及於民，而始受天命也。《語録》：文王能使天下無一民不新其德，即此便是天命之新。○饒氏曰：明命是初頭禀受底，以理言；命新是末梢膺受底，以位言。要之，只是一箇天下無性外之物。○方氏曰：「其命維新」是自新、新民之極，天命亦爲之新。自新、新民而至於天命亦新，此止至善之驗。○《通》曰：上文三節所引雖不同，然其文理血脈，蓋謂能日新、又新，是即所以作其自新之民；能作新民，則雖舊邦，而其命亦新矣。日新、又新，新民之本；其命維新，新民之效。

是故君子無所不用其極。

自新、新民，皆欲止於至善也。《通》曰：上章釋「明明德」，故此章之首曰「日新」、「又新」，所以承上章之意；下章釋「止於至善」，故此章之末曰「無所不用其極」，又所以開下章之端。文理接續，血脈貫通，此亦其一也。

右傳之二章。釋新民。

傳三

《詩》云："邦畿千里，惟民所止。"《詩》，《商頌·玄鳥》之篇。邦畿，王者之都也。止，居也，言物各有所當止之處也。金氏曰：《商頌》本賦體，傳文引來是比體。邦畿，王者之邦，京師正大之區，以比至善人之所止。

《詩》云："緡蠻黄鳥，止於丘隅。"子曰："於止，知其所止，可以人而不如鳥乎！"緡，《詩》作綿。

《詩》，《小雅·緡蠻》之篇。緡蠻，鳥聲。丘隅，岑蔚之處。"子曰"以下，孔子説《詩》之辭。言人當知所當止之處也。陳氏曰：惟民所止，意重在"止"字上；知其所止，意重在"知"字上。○《通》曰：此傳不特釋"止於至善"，並"知止能得"一節都釋了。故首引孔子之言曰"知其所止"，而《章句》於下文亦以"知所止"與"所以得之之由"言之。

《詩》云："穆穆文王，於緝熙敬止！"爲人君，止於仁；爲人臣，止於敬；爲人子，止於孝；爲人父，止於慈；與國人交，止於信。"於緝"之"於"，音烏。

《詩》,《文王》之篇。穆穆,深遠之意。於,歎美辭。緝,繼續也。熙,光明也。《語録》:「緝」如緝麻之緝,不已之意。○陳氏曰:緝者,連續而無一息之間。熙者,光明而無一毫之蔽。○真氏曰:「緝」與「熙」非二事,能緝則能熙矣。

敬止,言其無不敬而安所止也。《語録》:緝熙,是工夫;敬止,是功效。○真氏曰:「敬止」之「敬」,舉全體而言,無不敬之敬也;「爲人臣止於敬」,專指敬君而言,乃敬中之一事也。文王之敬,包得仁、敬、孝、慈、信。

引此而言聖人之止,無非至善。五者乃其目之大者也。學者於此,究其精微之蘊,而又推類以盡其餘,則於天下之事,皆有以知其所止而無疑矣。《通》曰:前章「顧諟」是敬,「日新」、「又新」亦是敬,但不露出一「敬」字;此曰「敬止」,聖學之要盡之矣。仁、敬、孝、慈、信五者,「至善」之大目也。人所當止莫大於此,故當於此五者之中究其精微之蘊。人所當止不盡於此,故又當於五者之外,推類以盡其餘。

《詩》云:「瞻彼淇澳,菉竹猗猗。有斐君子,如切如磋,如琢如磨。瑟兮僩兮,赫兮喧兮。有斐君子,終不可諠兮!」如切如磋者,道學也。如琢如磨者,自修也。瑟兮僩兮者,恂慄也。赫兮喧兮者,威儀也。有斐君子,終不可諠兮者,道盛德至善,民之不能忘也。澳,於六反。菉,《詩》作緑。猗,叶韻,音阿。僩,下版反。喧，《詩》作咺；諠，《詩》作諼；並况晚反。恂，鄭氏讀作峻。

《詩》，《衛風·淇澳》之篇。淇，水名。澳，隈也。猗猗，美盛貌。興也。《語録》：以绿竹始生之美，興其學問自修之進益也。

斐，文貌。饒氏曰：有斐，是説已做成君子之人。所以斐然有文者，其初自切磋琢磨中來，不是方去切磋琢磨以爲君子也。

切以刀鋸音句，琢以椎鑿，皆裁物使成形質也。磋以鑢音慮鍚音盪，磨以沙石，皆治物使其滑澤也。治骨角者，既切而復磋之。治玉石者，既琢而復磨之。皆言其治之有緒，而益致其精也。《語録》：《大學》「至善」一章，工夫都在「切」、「磋」、「琢」、「磨」上。○陳氏曰：切，是窮究事物之理，逐件分析，有倫有序；磋，是講究到純熟處，道理瑩澈，所以如切而又磋。琢，是克去物欲之私，使無瑕纇；磨，是磨礲至那十分純粹處，所以如琢而又磨也。

瑟，嚴密之貌。僩，武毅之貌。赫喧，宣著盛大之貌。饒氏曰：宣著釋「赫」字，盛大釋「喧」字。

諠，忘也。道，言也。學，謂講習討論之事。自修者，省察克治之功。真氏曰：學與自修，二事相表裏。不學問固不能自修，學問了又不可不自修。

恂慄，戰懼也。威，可畏也。儀，可象也。真氏曰：威者，正衣冠、尊瞻視、儼然人望而畏之，非徒事嚴猛而已。儀者，動容周旋莫不中禮，非徒事容飾而已。○方氏曰：問：「瑟，僩如何是恂栗也？」曰：「瑟，是工夫細密；僩，是工夫彊毅；恂慄，却是兢兢業業處。惟其兢兢業業，所以工夫精密而彊毅。」

引《詩》而釋之，以明明德者之止於至善。道學、自修，言其所以得之之由。恂慄、威儀，言其德容表裏之盛。卒乃指其實而歎美之也。盧氏曰：切、磋，則知至善之所止；琢、磨，則得至善之所止。恂慄者，至善之德修於中者也。威儀者，至善之容著於外者也。德容表裏之盛，一至善爾。卒乃指至善而歎美之，非盛德之外有至善，亦非明德之外有盛德也。○《通》曰：至善者，當然之則。雖治骨角玉石者，亦有當然之則。切而磋、琢而磨者，求合乎此則而已。學，是知此則。修，是行此則。瑟，是所知、所行極其縝密，而無毫髮之疎漏也。僩，是所知、所行極其剛果，而無須臾之怠弛也。恂栗者，蓋惴惴焉，惟恐知之有疎漏，行之有怠弛，而於當然之則有未合也。

《詩》云：「於戲，前王不忘！」君子賢其賢而親其親，小人樂其樂而利其利，此以没世不忘也。於戲，音嗚呼。樂，音洛。

《詩》，《周頌·烈文》之篇。於戲，歎辭。前王，謂文、武也。君子，謂其後賢後王。小人，謂後民也。此言前王所以新民者止於至善，能使天下後世無一物不得其所，所以既没世而人思慕之，愈久而不忘也。《語録》：前王遠矣，盛德至善，後人不能忘之。如堯、舜、文、武之德，後世尊仰之，豈不是賢其賢？如周后稷之德，子孫宗之，以爲先祖先父之所自出，豈不是親其親？○方氏曰：「親」、「賢」、「樂」、「利」四字，皆指後人而言。下四字，指前王，親、賢指前王之身，樂、利指前王之澤，又皆毫分縷析，無可疑者。○《通》曰：前王能使後王不忘其親，故先言「賢其賢」，而後言「親其親」。能使後民不忘其利，懷利猶小民之常情也，必使後之民不忘其樂，始足以見新民之至善，故先言「樂其樂」，而後言「利其利」。「平天下」一章，不過好惡與義利兩端而已。我能好民之所好，故後之民猶樂我之樂；我能利民以爲利，故後之民猶利我之利。不特民不敢忘，而民自不能忘，此人心天理之真也。「明明德」是自明我之天，「新民」是使民自明其天，「至善」而「没世不忘」，人心之天自有感於吾心之天。天者何？當然之則是也。

此兩節詠歎淫泆，其味深長，當熟玩之。《語録》：《淇澳》言明德而可以新民，以見明德之極功；《烈文》因言非獨一時民不能忘，而後世亦不能忘，以見新民之極功。○一章主意，只是説所以止於至善工夫，爲下「不可諠兮」之語拖帶，説到「道盛德至善，民之不能忘」，又因此語一句引去，大概是反覆嗟詠，其味深長。他經引《詩》，或未甚切，只《大學》引得極細密。

右傳之三章。釋止於至善。饒氏曰：「明德」、「新民」兩章，釋得甚略；又但言明、新，而不言其所以明、新之方。此章所釋，節目既詳，功夫又備，可見篇首三句，重在此一句上。○《通》曰：此章雖言所以「明」、「新」之方，然所以爲新民之至善者，又只就明明德、至善中來。

故上文贊之曰，「盛德至善，民之不能忘」；而下文即引《詩》，以「前王不忘」繼之。○盧氏曰：此章凡五節：第一節言物各有所當止之處；第二節言人當知所當止之處，以知止之事而言也；第三節言聖人之止無非至善，以得其所止之事而言也；第四節言明明德之止於至善，乃至善之體所以立；第五節言新民之止於至善，乃至善之用所以行。○《通》曰：此章釋明明德、新民、止於至善，兼釋知止能得，又兼八者條目。其中，學，是致知格物之事；自修，是誠意正心修身之事，親其親以至利其利，是化及於家國天下。

此章内自引《淇澳》詩以下，舊本誤在「誠意」章下。

傳四

子曰：「聽訟，吾猶人也，必也使無訟乎！」無情者不得盡其辭，大畏民志，此謂知本。

猶人，不異於人也。情，實也。引夫子之言，而言聖人能使無實之人不敢盡其虛誕之辭。蓋我之明德既明，自然有以畏服民之心志，故訟不待聽而自無也。觀於此言，可以知本末之先後矣。

《語録》：如成人有其兄死而不爲之衰，聞子臯至，遂爲之衰。子臯又何曾聽訟，只是自有以感動人處故耳。○方氏曰：如虞、芮二國爭田，入西伯境，見耕者讓畔、行者讓路，未見西伯，皆慚而去，乃以所爭爲閑田，西伯何嘗聽訟致然？○新安吴氏曰：明德、新民，故有無言之化、不怒之威，所以民自畏服。○饒氏曰：聽訟，末也；無訟，得其本也。傳者舉輕以明重，言聽訟者治民之一事，亦自有本末，以此見得明德、新民之相爲本末也決矣。○《通》曰：《易・訟卦》曰：「有孚，窒惕。」正與「無情者不得盡其辭」相應。蓋「有孚」是有實者，「無情」是無實者，使無實者不得盡其辭，則有實者不至於窒，便是使民無訟。然欲使民無訟，本於無情者不得盡其辭；無情者不得盡其辭，又本於大畏民志；大畏民志，又本於明明德。今不曰「明德爲本」，而但曰「此謂知本」，蓋此未足以盡明德、新民之本末，姑舉此言，亦可謂之知本也。《章句》曰：「觀於此言，可以知本末之先後矣。」隱然自有此意。

右傳之四章。釋本末。

此章舊本誤在「止於信」下。

傳五

此謂知本，

程子曰：「衍文也。」

此謂知之至也。

此句之上別有闕文，此特其結語耳。

右傳之五章。蓋釋格物、致知之義，而今亡矣。

此章舊本通下章，誤在經文之下。

間嘗竊取程子之意以補之曰：「所謂致知在格物者，言欲致吾之知，在即物而窮其理也。蓋人心之靈莫不有知，而天下之物莫不有理，惟於理有未窮，故其知有不盡也。

程子曰：致，盡也。格，至也。凡有一物，必有一理，窮而至之，所謂格物者也。然而格物亦非一端，或讀書講明道義，或論古今人物而別其是非，或應接事物而處其當否，皆窮理也。○《通》曰：補傳此一節，意蓋本諸此。○王氏曰：三句「或」字，是格物大綱領；後面許多道理盡在其中，可見條理之密。○《通》曰：人心之靈，莫不有知，此「知」字是良知之知，得於天性；理有未窮，知有不盡，此「知」字是致知之知，得於學力。經不曰「欲致其知者，先格其物」，獨變文曰「致知在格物」，格即是致，不格未見其至，欲致其知，舍格物非所以爲知。

是以《大學》始教，必使學者即凡天下之物，莫不因其已知之理而益窮之，以求至乎其極。程子曰：學莫先於致知。○又曰：誠敬固不可以不勉，然天下之理不先知之，亦未有能勉以行之者也。○《通》曰：補傳所謂「《大學》始教」，意蓋本諸此。朱子嘗曰：「此兩條，皆言格物、致知所當先，而不可後之意。」○程子曰：格物非欲盡窮天下之物，但於一事上窮盡，其他可以類推至。於言孝，則當求其所以爲孝者如何。若一事上窮不得，且別窮一事，或先其易者，或先其難者，各隨人淺深。譬如千蹊萬徑，皆可以適國，但得一道而入，則可以類推而通其餘矣。蓋萬物各具一理，而萬理同出一原，此所以可推而無不通也。又曰：物必有理，皆所當窮。若天地之所以高深，鬼神之所以幽顯是也。若曰天吾知其高而已矣，地吾知其深而已矣，則是已然之辭，又何理之可窮哉？○又曰：如欲爲孝，則當知所以爲孝之道，如何而爲奉養之宜？如何而爲温凊之節？莫不窮究，然後能之，非獨守夫孝之一字而可得也。○又曰：物我一理，才明彼，即曉此，合内外之道也。語其大，天地之所以高厚；語其小，至一物之所以然，皆學者所宜致思也。或曰：「先求之四端可乎？」曰：「求之性情固切於身，然一草一木，亦皆有理，不可不察。」○《通》曰：補傳所謂「必使學者即凡天下之物，莫不因其已知之理而益窮之，以求至乎其極」，意蓋本諸此。○盧氏曰：萬事萬物皆具一理，而萬事萬物之理同出一原。各具一理，皆吾明德之妙用；同出一原，乃吾明德之本體。格物者，即事即物以明吾明德，欲其全體大用貫通透澈，而極處無不到也。然物理莫大於天地，莫妙於鬼神；事理莫大於孝，亦莫先於孝。故上條以天地鬼神言，下條以孝言。○《通》曰：補傳此語含三意：一謂人自幼即知愛親敬兄，是其已知者，得於天性。今入大學，即加學問，即其已知者推而極之。一謂小學收放心、養德性，其爲學已略有所知，今必使之即夫事物之中，因其所知，推究各至其極。一謂大學用力之方，旦所已知者，晚益窮之；昨日已知者，今日益窮之。

至於用力之久，而一旦豁然貫通焉，程子曰：今日格一物，明日又格一物，積習既多，然後脱然有貫通處爾。○又曰：一身之中，以至萬物之理，理會得多，自當豁然有箇覺處。○又曰：窮理者，非謂必盡窮天下之理，又非謂止窮得一理便到，但積累多後，自當脱然有悟處。○《通》曰：補傳此一節，意蓋本諸此。○王氏曰：此三條，皆要工夫多積，自能貫通覺悟；却自是三樣：第一是漸漸格；第二是合内外格；第三是不泛不陋格。

則衆物之表裏精粗無不到，而吾心之全體大用無不明矣。此謂物格，此謂知之至也。」程子曰：致知之要，當知至善之所在，如父止於慈，子止於孝之類。若不務此，而徒欲泛然以觀萬物之理，則吾恐其如大軍之游騎，出太遠而無所歸也。○又曰：格物莫若察之於身，其得之尤切。○《通》曰：補傳「表裏精粗」之説，意蓋取諸此。○饒氏曰：自表而裏，自粗而精，然裏之中又有裏，精之中又有至精，透得一重，又有一重。且如爲子必孝、爲臣必忠，顯然易見，所謂表也。然所以爲孝、所以爲忠，則非忠孝一言之所能盡。且以孝言之，如居致敬、養致樂、病致憂、喪致哀、祭致嚴，皆是孝裏面節目，所謂裏也。然所謂居致敬者，又若何而致敬？如進退、周旋、慎齋、升降、出入、揖游，不敢噦噫嚏咳，不敢欠伸跛倚，寒不敢襲、癢不敢搔之類，皆是致敬中之節文。如此則居致敬又是表，其間節文之精微曲折又是裏也。然此特敬之見於外者然耳，至於洞洞屬屬，如執玉奉盈而弗勝，以至視於無形、聽於無聲，則又是那節文裏面骨髓，須是格之又格，以至於無可格，方是極處。精粗亦然。如養親一也，而有所謂養口體、養志。口體雖是粗，然粗中亦有精；養志雖是精，然精中更有粗，須是表裏精粗無不到，方爲格物。○又曰：具衆理是全體，應萬事是大用。○王氏曰：上數條是推開去用工，此兩條是收歸來用工，皆隨人偏處教他。○《通》曰：前數條所引，凡物各自有表裏精粗；此兩條，蓋謂徒知泛然觀萬物之理，而不知反諸吾身者之尤切，則又自是格其表而不能格其裏，格其粗而不能格其精也。○右程子之説凡十二條，皆是格致功夫，補傳一一取諸此。

傳六

所謂誠其意者，毋自欺也。如惡惡臭，如好好色，此之謂自謙。故君子必慎其獨也！好、惡，上字皆去聲。謙，讀若慊，苦劫反。

誠其意者，自修之首也。《語録》：誠意者，行之始。○饒氏曰：「『六經』中只説『誠』，無『誠意』字，誠意、正心、修身，不是三事。顔子問仁，夫子告以非禮勿視、聽、言、動，緊要在四箇勿字上。仁屬心，視、聽、言、動屬身，勿與不勿屬意。若能勿時，則身之視、聽、言、動便合禮，而心之仁即存，以此見心之正不正、身之修不修，只在意之誠不誠。所以《中庸》、《孟子》只説誠身，便貫了誠意、正心、修身，此章雖專釋誠意，而所以正心、修身之要，實在於此。故下二章第言心不正、身不修之害，而不言所以治病之方，以具於此章故也。」○《通》曰：《大學》條目有八，僅作六傳：格物、致知兩者，實是一事，故統作一傳；自正心以下五者，功夫次第相接，故統作四傳；惟誠意獨作一傳。然《章句》謂「誠意者，自修之首」，亦已兼正心、修身而言矣，章末曰「潤身」、曰「心廣」，提出身與心二字，意可見矣。

毋者，禁止之辭。自欺云者，知爲善以去惡，而心之所發有未實也。《語録》：自欺，謂心之所發不知不覺地陷於自欺，非是陰有心於爲惡，而詐於爲善以自欺也。如有九分義理，雜了一分私意，九分好善惡惡，一分不好不惡，便是自欺。到得厭然揜著之時，又其甚者。○十分爲善，有一分不好底意潛發於其間，這箇却是實，前面善意却是虛矣。如見孺子入井，救之是好意，其間有些要譽底意以雜之，前面好底都成虛了。○方氏曰：問：「自欺是陽善陰惡否？」曰：「此則欺之甚者。自欺只在隱微之間，吾心非不欲爲善去惡，而別有一心在裏拗之，不使之表裏如一，是以惡惡不實，爲善不勇。凡外是而中非，或始勤而終怠，或有所爲而爲之，或九分爲善，尚有一分苟且之心，皆不實而自欺也，豈待陽爲善陰爲惡，而後謂之自欺邪？欺人乃欺之甚者，到欺人，惡已大。」○永嘉陳氏曰：才萌欺心，便落小人旋渦中，可畏之甚。○《通》曰：「毋自欺」三字，是釋「誠意」二字，「自」字與「意」字相應，「欺」字與「誠」字相反。

謙[一]**，快也，足也。**《語録》：自謙之「謙」，大意與《孟子》「行有不慊」相類。《孟子》訓滿足意多，《大學》訓快意多。○此之謂自慊，謂好好色、惡惡臭，只此便是慊，是合下好惡時便要自慊了，非是做得善了，方能自慊也。自慊正與自欺相對。○所謂誠其意，便是要毋自欺，非是誠其意了，方能不自欺也。所謂不自欺而自慊者，只是要自快足我之志願，不是要爲他人也。誠與不誠，自慊與自欺，

[一]「謙」，《四書章句集注》當塗郡齋本作「慊」。

只争毫髮之間爾。又曰：自慊則一，自欺則二。○真氏曰：自謙是爲己言，己之所以爲善者，乃是我合當如此；若不爲善，則此心自不快足，自不能安，非是爲他人而爲善也。自欺是爲人，本無實意爲善，但外面假借以欺人，欲人稱好而已，殊不知人心之靈，昭如日月，何可欺也，只是自欺而已。○

《通》曰：君子、小人之所以分，只在自欺與自慊上，兩「自」字與「自修」之「自」相應。自欺者，誠之反，自修者不可如此；自慊者，誠之充，自修者必欲如此。

獨者，人所不知而已所獨知之地也。 饒氏曰：「獨」字不是專指暗室屋漏處，故程子於「出門如見大賓，使民如承大祭」處言「慎獨」；亦不是專指念慮初萌時，故程子於「洒掃應對」時言「慎獨」。蓋出門使民、洒掃應對，事也；所以主此事者，意也。事形於外，固衆人之所共見；意存其中，則己之所獨知，故謂之獨。意與事相爲終始，意之萌，事之始也；意之盡，事之終也。自始至終，皆當致謹，豈特慎之於念慮方萌之時而已哉！《中庸》云「誠者，物之終始，不誠無物」，正此之謂也。○

《通》曰：此「獨」字，便是「自」字，便是「意」字。所以《中庸》論「誠」，首尾言慎獨；此章論「誠意」，亦兩言慎獨。

言欲自修者知爲善以去其惡，則當實用其力，而禁止其自欺。使其惡惡則如惡惡臭，好善則如好好色，皆務決去，而求必得之，以自快足於己，不可徒苟且以徇外而爲人也。

《通》曰：《章句》曰：「不可苟且徇外而爲人。」蓋知善之當爲，而爲善有未盡，曰「且如此」；知惡之當去，而爲惡猶未忘，曰「吾且爲之」。才萌「且」之一字，便是自欺，便不是誠。

然其實與不實，蓋有他人所不及知，而己獨知之者，故必謹之於此以審其幾焉。《語録》：「幾者，動之微」，是欲動未動之間，便有善惡，便須就這處理會；若到發出處，更怎生奈何得。○方氏曰：問：「幾是已發未發？」曰：「説幾時，便不是未發，幾正是那欲發未發時，當於此省察之，以致其慎，使教自慊，莫教自欺。」○饒氏曰：此章用功之要只在慎獨，於顯然處致謹，未必果出於誠；若能於獨處致謹，方是誠意。○《通》曰：愚按，《章句》此章屢改，視初本大異，蓋朱子獲麟之筆也。《中庸》釋「慎獨」曰，「跡雖未形，而幾則已動」；於此則初本曰，「慊與不慊，其幾甚微」；末乃改之曰，「必慎之於此，以審其幾焉」。其於「幾」字獨不改者，周子《通書》言「誠」必言「幾」；況意者，吾心動而未形之幾。審其幾，即所以誠其意；幾之不審，其意即墮於自欺，而不自慊矣。

小人閒居爲不善，無所不至，見君子而後厭然，揜其不善，而著其善。人之視己，如見其肺肝然，則何益矣。此謂誠於中、形於外，故君子必慎其獨也。閒，音閑。厭，鄭氏讀爲黶。

閒居，獨處也。厭然，消[一]**沮閉藏之貌。此言小人陰爲不善，而陽欲揜之，則是非不知**

[一]「消」，《四書章句集注》當塗郡齋本作「銷」。

善之當爲與惡之當去也，但不能實用其力以至此耳。然欲掩其惡而卒不可掩，欲詐爲善而卒不可詐，則亦何益之有哉！《語録》：「小人閒居爲不善」，是誠心爲不善也；「掩其不善，而著其善」，是爲善不誠也。○今人當獨處時，此心非是不誠，只是不奈他何。今人在靜處，非是此心要馳騖，但把他不住，此已是兩般意思；至如見君子而後厭然詐善時，已是第二番罪過了。○此一段便是自欺底，只反説「閒居爲不善」，便是惡惡不如惡惡臭，「見君子而後厭然，掩其不善，而著其善」，便是好善不如好好色。若只如此看，此一篇之義，貼實平易，坦然無許多屈曲。○饒氏曰：「人之視己，如見其肺肝然」，是即其厭然處見之。「厭然」與「心廣體胖」爲對，厭然是小人爲惡之驗，心廣體胖是君子爲善之驗。又曰：「誠於中，形於外」，此「誠」字是兼善惡説。

此君子所以重以爲戒，而必謹其獨也。《語録》：上云「必慎其獨」者，欲其自慊也；下云「必慎其獨」者，防其自欺也。○金氏曰：前慎獨，專言所念之獨；後慎獨，兼言所處之獨。○盧氏曰：上節言慎獨，以實於爲善去惡者而言；此節再言慎獨，以善之不可詐、惡之不可掩者而言。讀上節固當直下承當，讀此節尤當痛自警省。○《通》曰：前章説致知、格物，未使分君子、小人，此章分别君子、小人甚嚴。蓋誠意者，善惡之關。過得此關，方是君子；過不得此關，猶是小人。傳末章「長國家而務財用」之小人，即此「閒居爲不善」之小人也，意稍不誠，已害自家心術，他日用之爲天下國家，害也必矣。《章句》前段説君子，則曰「實用其力」，以禁止其自欺；此段説小人，則曰「不能實用其力以至此」，細玩「實用其力」四字，只是釋「毋」之一字。毋者，禁止之辭，他人如何能禁止自家心者？我之心，須我禁止始得，畏屋漏如畏宫庭，出門闕如嚴賓師，念頭起處，人所不知，便如十目所視，十手所指，庶乎可不陷於小人爾！一「毋」字，三「必」字，皆是實用其力，纔説「且」之一字，便是不能實用其力。

曾子曰：「十目所視，十手所指，其嚴乎！」

引此以明上文之意。言雖幽獨之中，而其善惡之不可掩如此，可畏之甚也。《語録》：人雖不知而我已自知，自是甚可皇恐了，其與「十目所視，十手所指」何異？○此是承上文「人之視己，如見其肺肝」底意，不可道是人不知，人曉然共見如此。○盧氏曰：人所不知而己所獨知之地，即十目、十手之地。故爲善，於獨者不求人知而人自知之；爲不善，於獨者惟恐人知而人舉知之。曾子所以戰戰兢兢，直至啓手、足而後已者，此也。孔門相傳之心法在乎此，《大學》之書所以作也。○《通》曰：子思《中庸》所謂「莫見乎隱，莫顯乎微」，蓋本諸此。上文「獨」字，即是隱微；此所謂「十目」、「十手」，即是莫見、莫顯。

富潤屋，德潤身，心廣體胖，故君子必誠其意。胖，步丹反。

胖，安舒也。言富則能潤屋矣，德則能潤身矣，故心無愧怍，則廣大寬平，而體常舒泰，德之潤身者然也。蓋善之實於中而形於外者如此，故又言此以結之。《語録》：心本是闊大底物事，只是因愧怍了便卑狹，所以體不能得舒。○問：「心廣體胖只是樂，伊川云『這裏着樂字不得』，如何？」曰：「是不勝其樂。」○伊川問和靖：「近日看《大學》工夫如何？」和靖曰：「只看得心廣體胖處意思好。」伊川曰：「如何見得好？」「但長吟『心廣體胖』一句而已。」看他一似瞞人，然和靖不是瞞人底人。○十目所視、十手所指，言小人閒居爲不善，其不善形於外者不可掩如此。德潤身、心廣體胖，言君子慎獨，其善之形於外者效驗如此。○「毋自欺」是誠意，「自慊」是意誠，「小人閒居」以下是形容自欺之情狀，「心廣體胖」是形容自慊之效驗。○方氏曰：上言小人之誠中形外，此言君子之誠中形外。○金氏曰：小人閒居爲不善，止其嚴乎，自欺敗露之可畏。德潤身，心廣體胖，自慊快足之可樂。○龍泉葉氏曰：富潤屋，德潤身，由毫末之微積而至於不可掩之效，「潤」字當細玩。○饒氏曰：心不正，何以能廣身？不修，何以能胖？心廣體胖即是心正身修之驗，然而所以心廣體胖，只在於誠其意，以此見誠意、正心爲修身之要。○又曰：此章乃《大學》一篇緊要處，傳者於此章説得極痛切，始言慎獨、誠意之方也；中言小人不慎獨，所以爲戒也；終言誠意之效，又所以爲勸也。○《通》曰：「如惡惡臭，如好好色」，是譬喻誠意；「富潤屋」，是譬喻意誠之驗。「心廣體胖」，心非驟然而廣也；「富潤」、「德潤」，潤由於積，亦非驟然而潤也。蓋明德即是吾之本心，明德自具全體大用，本自廣大，特爲氣禀所拘、物欲所蔽爾；知既至，則無一毫之不明，而氣禀不得以拘之；意既誠，則無一息之不明，而物欲不得以蔽之，所以其心之廣者固存也。張子曰：「有外之心，不足以合天心。」心本無外，須臾之頃，毫髮之微，少有間斷，便是有外，便是不廣。愚嘗謂孟子説浩氣處，與此章意合：不自欺則自反而縮，自欺則自反而不縮，厭然即是氣餒，心廣體胖即是浩然之氣。

右傳之六章。釋誠意。

經曰：「欲誠其意，先致其知。」又曰：「知至而後意誠。」蓋心體之明有所未盡，則其所發必有不能實用其力，而苟焉以自欺者。然或已明而不謹乎此，則其所明又非己有，而無以爲進德之基。故此章之指，必承上章而通考之，然後有以見其用力之始終，其序不可亂而功不可闕如此云。《語録》：自古無放心底聖賢，「惟聖罔念作狂」，一毫少不謹慎，則固已墮於意欲之私矣，此聖人之教人，徹上徹下，不出一敬字也。蓋「知至而後意誠」，則知至之後意已誠矣，猶恐隱微之間有所不實，又必提掇而謹之，使無毫髮妄馳，則表裏隱顯無一不實，而自快慊也。○金氏曰：《大學》諸章之傳，首辭、結語皆以序言，自正心以上獨不以序言，蓋心、身、家、國、天下，各是一節之事，而致知、誠意，二者同爲心上之事。心統知、意者也。知者，心之知；意者，心之發也。若自致知而推其序以至誠意，自誠意而推其序以至正心，則是一心之中又自截作三節，而心上工夫却自分成三次，豈其理邪？聖賢於此，皆以序言於經，而獨不以序言於傳，蓋經言工夫次第之大綱，而傳明工夫端緒之一致，經傳固互相發也。

傳七

所謂修身在正其心者：身有所忿懥，則不得其正；有所恐懼，則不得其正；有所好樂，則不得其正；有所憂患，則不得其正。忿，弗粉反。懥，敕值反。好、樂，並去聲。

程子曰：「身有之身，當作心。」○忿懥，怒也。饒氏曰：忿者，怒之甚；懥者，怒之留。**蓋是四者，皆心之用，而人所不能無者。然一有之而不能察，則欲動情勝，而其用之所行，或不能不失其正矣。**《語録》：「四者」人不能無，只是不要他留滯而不去。只要從無處發出，則此心便虛，不可先有在心下。如謂「有所」，則是被他爲主於内，心反爲他動也。○金氏曰：傳文一則曰「有所」，二則曰「有〔一〕所」，即「有所」之辭，則是心之所主者在此，其失也固矣。忿而曰「忿懥」，懼而曰「恐懼」，好而曰「好樂」，憂而曰「憂患」，即其重疊之辭，則是情之所勝者至此，其滯也深矣。夫以心於此而失之固，情勝至此而滯之深，則此心能得其正乎？○真氏曰：或問：「《大

〔一〕「有」，據文意恐爲衍文。

學》不要先有恐懼，《中庸》却要恐懼，何也？」曰：「《中庸》只是未形之時常常持敬，令心不昏昧而已。《大學》之恐懼，却是俗語恐怖之類，自與《中庸》有異。」○《通》曰：心之體無不正，所謂正心者，正其心之用爾。「在正其心」，此「正」字是説直内之功夫，蓋謂心之用或有不正，不可不敬以直之也。「不得其正」，此「正」字是説直内之本體，蓋謂心之本體無不正，而人自失之也。曰「正其」，曰「其正」，自分體用。心體本如太虚，或景星慶雲，或烈風雷雨，而太虚自若。人之一心，寧無喜怒憂懼？然可怒則怒，怒過不留；可喜則喜，喜已而休。喜怒憂懼皆在物而不在我，我雖日與物接，而不物於物，此所以能全其本體之虚。或疑《中庸》首章先存養而後言省察，末章先省察而後言存養，《大學》誠意言省察，獨欠存養，殊不知此章正自有存養功夫。喜怒哀懼之未發也，不可先有期待之心；其將發也，不可一有偏繫之心；其已發也，不可猶有留滯之心。事之方來，念之方萌，是省察時節；前念已過，後事未來，又是存養時節。存養者，存此心本體之正；省察者，惟恐此心之用或失之不正也。宜仔細看《章句》三「察」字，並四「存」字。

心不在焉，視而不見，聽而不聞，食而不知其味。

心有不存，則無以檢其身，是以君子必察乎此而敬以直之，然後此心常存而身無不修也。《語録》：心若不存，一身便無所主宰，常炯炯在此，則四體不待羈束而自入規矩。○敬，是常要此心在這裏。直，是直上直下無纖毫委曲。○饒氏曰：此因上言心之「不得其正」，而以「心不在」明心不正之害。言心者身之所主，心之所向不在於是，則目雖視之而不見其色，耳雖聽之而不聞其聲，口雖食之而不知其味。以此觀之，心之所發苟失其正，亦何以爲檢身之本，而使視聽言動之各當其則哉！此修身之所以在正其心也。○方氏曰：上一節説有心者之病，此一節説無心者之病；上一節説心不可有所主，此一節説心不可以無所主。不可有者，私主也；不可無者，存主也。心在，則群妄自然退聽；心若不存，一身便無所主宰。然則中虚而有主宰者，正心之藥方也。○《通》曰：心不在只是不敬，故《章句》提出「敬」之一字。然獨於正心章言之者：知者，心之知覺，非敬無以爲致知之要；意者，心之萌動，非敬無以爲誠意之方。意既誠矣，又密察此心之存否，而敬以直之，由是而修己、安人、安百姓，孰有不本於此心之敬者？朱子曰：「敬者，聖學之所以成始而成終者也。」故於此深致意焉。

此謂修身在正其心。

右傳之七章。釋正心、修身。

此亦承上章以起下章。蓋意誠則真無惡而實有善矣，所以能存是心以檢其身。然或但知誠意，而不能密察此心之存否，則又無以直内而修身也。《語録》：誠意時節，正是分辨善惡，最緊要着力，所以重復説「必慎其獨」。若打得這關過，已是煞好了，到正心又怕於好上會偏去。如水相似，那時節已是淘去了濁，十分清了，又怕於清裏面有波浪動蕩處。

○若是意未誠時，只是一箇虚僞無實之人，更問甚心之正與不正。惟是意已誠實，然後方可見得忿懥、恐懼、好樂、憂患有偏重處，便隨而正之也。○何氏曰：《大學》誠意工夫最大，到正心章，不過説平時存養工夫爾。○〖《通》曰〗：或問：「誠意則心之所發已無不實，又何暇於正心之功？」曰：「意欲實而心本虚，實其意則好惡不差，於方發之初虚其心，則喜怒不留於已發之後。」

自此以下，並以舊文爲正。

傳八

所謂齊其家在修其身者：人之其所親愛而辟焉，之其所賤惡而辟焉，之其所畏敬而辟焉，之其所哀矜而辟焉，之其所敖惰而辟焉。故好而知其惡，惡而知其美者，天下鮮矣。辟，讀爲僻。惡而之惡、敖、好，並去聲。鮮，上聲。

人，謂衆人。《通》曰：本章有二「人」字，《章句》曰「衆人」，又曰「常人」，讀者便當警省。衆人、常人，情之所向必有所偏。吾之身，可以衆人、常人之身自待乎？

之，猶於也。辟，猶偏也。《語録》：古注「辟」音[一]「譬」，似窒礙不通。之其所敖惰而辟焉，非美事，如何譬得？故今只是僻字，便通，況此篇自有僻字，「辟則爲天下僇」是也。○金氏曰：上章四者之病，皆曰「有所」，是於心上失之也。此章五者之僻，皆曰「之其」，是向事上失之也。○《通》曰：此一「辟」字，舊皆讀作「譬」字，平天下章「絜」字，舊皆讀作「挈」字，姑舉此二字言之，不有章句可乎？

[一] 「音」，今本《朱子語類》作「作」。

五者，在人本有當然之則；然常人之情惟其所向而不加審焉，則必陷於一偏而身不修矣。《語録》：所親愛莫如父母，有當幾諫處，豈可以親愛而忘正救？所畏敬莫如君父，至於所當直言正諫，豈可專持畏敬而不敢言？〇曰：「正心章既説忿懥四者，而修身章又説『之其親愛』之類，是如何？」曰：「忿懥等是心與物接時事，親愛等是身與物接時事。」〇熊氏曰：親愛、畏敬、哀矜，指所愛之人而言，有此三等。賤惡、敖惰，指所惡之人而言，有此二等。偏於愛則不知其人之惡，偏於惡則不知其人之善。〇饒氏曰：此只是説尋常人有此病痛，似不必將敖惰做合當有底。〇七章釋正心，不言其所以正之之道；八章釋修身，不言其所以修之之方。《章句》於七章以「密察」言，八章以「加審」言，即慎獨之謂也。有所忿懥、好樂，而能密察，是慎獨以正其心也。之其所親愛、賤惡而能加審，是慎獨以修其身也。〇王氏曰：前章是自外而來，動於中而不察，則與之俱往。此章是自此之彼，徇於所向而不審，則有所偏。〇《通》曰：誠意章分君子、小人，是一正一反説；到正心、修身章，終始皆是反説。修身章示戒尤嚴。或疑敖惰所不當有殊，不知本文「人」字，非爲君子言，爲衆人而言也。衆人中固自有偏於敖惰之人，如下文「人莫知其子之惡，莫知其苗之碩」，亦泛言衆人多是溺愛貪得之人也，兩「人」字示戒深矣。

故諺有之曰：「人莫知其子之惡，莫知其苗之碩。」諺，音彦。碩，叶韻，時若反。

諺，俗語也。溺愛者不明，貪得者無厭，是則偏之爲害，而家之所以不齊也。盧氏曰：前節言身，此節言家。、子之惡、苗之碩，皆就家而言。○《通》曰：心與物接，惟怒最易發而難制，所以前章以忿懥先之；身與事接，惟愛最易偏，故此章以親愛先之。至引諺曰，只是説愛之偏處。人情所易偏者，愛爲尤甚；況閨門之内，義不勝恩，情愛比昵之私，尤所難克，身所以不修、家所以不齊者，其深病皆在此。

此謂身不修不可以齊其家。

錢氏曰：論齊家在修身，却只説身之所以不修處，立辭嚴密，極宜細玩，且於齊家利害愈更深切。上章四箇「有所」字，此章五箇「辟」字，其實皆心之病；但上四者止是自身裏事，此六者却施於人，即處家之道也。○《通》曰：凡傳結語，多用經文正結，惟此與經文「本亂而末治者否矣」，皆是反結。蓋才言「身不修」，便見得前面知不至、意不誠、心不正；言「不可以齊其家」，則見後面不可以治國、平天下矣。修身是明明德功夫成就處，齊家是新民開端處，於此深寓警戒之意。

右傳之八章。釋修身齊家。

傳九

所謂治國必先齊其家者，其家不可教而能教人者，無之。故君子不出家而成教於國：孝者，所以事君也；弟者，所以事長也；慈者，所以使衆也。弟，去聲。長，上聲。

身修，則家可教矣；孝、弟、慈，所以修身而教於家者也；然而國之所以事君、事長、使衆之道，不外乎此。此所以家齊於上，而教成於下也。《語録》：孝、弟、慈，皆是我家裏做成了，天下人看着自然如此，不是我推之於國。○新安吴氏曰：傳只言治國在齊其家之意，《章句》並修身言之，推本之論也。孝、弟、慈，體之身則爲修其身，行之家則爲齊其家，推之國則爲治其國，天理人倫一以貫之而已。況家有父，猶國有君；家有兄，猶國有長；家有幼，猶國有衆。分雖殊，理一也。○《通》曰：自修以上，皆是學之事；到齊家、治國，方是教之事。所以此章首拈出教之一字，然其所以爲教者，又只從身上説來。孝、弟、慈，所以修身而教於家者也。四端萬善，皆修身之教，何獨舉孝、弟、慈言之？蓋從齊家上説。一家之中有父母焉，故曰孝；有長上焉，故曰弟；下有子弟僕隸之類，故曰慈。事君、事長、使衆，方從治國上説。

《康誥》曰：「如保赤子。」心誠求之，雖不中，不遠矣。未有學養子而后嫁者也。中，去聲。

此引《書》而釋之，又明立教之本不假强爲，在識其端而推廣之耳。《語録》：「如保赤子」，只是説「慈者所以使衆」一句。保赤子，慈於家也；「如保赤子」，慈於國也。保赤子是慈，「如保赤子」是使衆。這箇慈是人人自然有底，慈於家便能慈於國。○孝、弟雖人所同有，然守而不失者亦鮮，惟保赤子一事，罕有失之者，故聖賢於此，特發明夫人之易曉者以示訓，正與孟子言見孺子入井之意同。○「心誠求之」者，求赤子之所欲也。於民，亦當求其有不能自達者，此是推其慈幼之心以使衆也。○此且只説動化爲本，未説到推上，後方全是説推。○北山陳氏曰：長民者往往不能得下之情，蓋亦視之不切於己，不若慈母之心耳。赤子雖有所欲，不能以自言，然慈母獨得其所欲，縱不中，亦不遠。此無他，愛出於誠，彼己不隔，以心求之，不待學而後能也。○金氏曰：此段《章句》舊本云，「此言慈幼之心非由外得，推以使衆，亦猶是也」，於本文自分明；其後文公又謂，「此節只説動化，未説推」，於是本章首「教」字，三者俱作教説，不作推説；改此注云，「立教之本，不假强爲，在識其端而推廣之耳」，則反成難曉，而終不免一「推」字。今依改注細考之：「立教之本」説「孝、弟、慈」，「不假强爲」説「未有學養子而後嫁」，「在識其端而推廣之」説「心誠求之」。○《通》曰：孝、弟與慈，皆人心之天；獨言慈而不言孝、弟者，世教衰，孝、弟或有失其天者，獨母之保赤子，其慈之天未嘗失也。大要只在「心誠求之」一句上，母之慈出於誠，而子弟之孝、弟反未必皆誠故也。故舉其慈之出於天者，是可以觸其孝、弟之天矣。

一家仁，一國興仁；一家讓，一國興讓；一人貪戾，一國作亂：其機如此。此謂一言僨事，一人定國。僨，音奮。

一人，謂君也。機，發動所由也。僨，覆敗也。此言教成於國之效。金氏曰：「一言僨事，一人定國」，此古語也，故以「此謂」二字起之。定國謂之「一人」，固總其一身而論；僨事謂之「一言」，則不過片言之間，善惡功效之難易，尤爲可懼也已。○饒氏曰：仁、讓是本上文孝、弟而言，仁屬孝，讓屬弟；貪戾是本上文慈而言，貪戾者，慈之反也。上言孝、弟、慈，是説「不出家而成教於國」底道理；此言仁、讓、貪戾，是説「不出家而成教於國」底效驗。○《通》曰：此一「機」字，見得動化在此不在彼。有家國天下者，每患知政不知化，故此言仁、讓，必一家如此，而後一國如此；不仁、不讓，纔一人如此，而一國即如此。下文言仁與暴，一人之身如此，而天下皆如此，皆是説動化之機，其感應如此也。但自身而家，有感必有應，是爲化之端；自家而國而天下，所應復爲感，是爲化之大。

堯、舜帥天下以仁，而民從之；桀、紂帥天下以暴，而民從之；其所令反其所好，而民不從。是故君子有諸己而後求諸人，無諸己而後非諸人。所藏乎身

不恕，而能喻諸人者，未之有也。好，去聲。

此又承上文「一人定國」而言。有善於己，然後可以責人之善；無惡於己，然後可以正人之惡。方氏曰：此章是「如治己之心以治人」之恕，絜矩章是「如愛己之心以愛人」之恕。**皆推己以及人，所謂恕也。不如是，則所令反其所好，而民不從矣。喻，曉也。**《語録》：尋常人若有諸己，又何必求諸人；無諸己，又何必非諸人。如孔子説「躬自厚而薄責於人」、「攻其惡無攻人之惡」。至於《大學》之説，是有天下國家者，勢不可以不責他。大抵治國，禁人爲惡、勸人爲善，便是「求諸人」、「非諸人」。然又須自家有諸己，然後可以求人之善；無諸己，然後可以非人之惡。○金氏曰：治國者，必有法制號令；而法制號令無非禁民爲非、律民以善。雖桀、紂之世，亦所必有；但其所好則不若此，故民從其所好，不從其所令。所以治國者在反求諸己，此乃政令之本。○饒氏曰：將欲責人爲善，必先自有善於己；將欲禁人爲惡，必先自無惡於己。推己以及人，所謂恕也。如其無善於己，而欲責人之善；有惡於己，而欲禁人之惡，則是無己可推而欲及人也，故曰「所藏乎身不恕」。此章雖釋家齊、國治，然自「一人貪戾」以下，皆歸重於人主之身，此乃極本窮原之論。○治國、平天下兩章，皆説恕。此章言「有諸己而後求諸人，無諸己而後非諸人」，是要人於修己上下功夫；下章言「所惡於上，毋以使下；所惡於下，毋以事上」，是要人於「及人」上下功夫。兩章互相發明。○金氏曰：「所藏乎身不恕」一句，讀之有未瑩，似乎以恕爲藏於身者。「恕」字之義，是自身推出之謂，非藏乎身之謂也。蓋藏乎身者，自其盡己處言之；恕者，自其推己處言之。所藏，是指其「有諸己」、「無諸己」者也；恕，是指其「求諸人」、「非諸人」者也。「所藏乎身不恕」，謂所藏於己者未有可推以及人也，未有可推以及人，則所藏乎身者可知矣；所藏乎身者未可推以及人，而能喻諸人者，未之有也。此段大意，是發明推己及人之意，然所謂「堯、舜帥天下以仁」者，以己及物也。以己及物，仁也。所謂「有諸己而求諸人，無諸己而非諸人」者，推己及物也。推己及物，恕也。至所謂「桀、紂率天下以暴，而民從之」者，則亦以己及物者，不仁者也；所謂「其所令反其所好，而民不從」者，則非推己及物者，不恕者也。當以是觀之。○「有諸己而後求諸人，無諸己而後非諸人」，恕也；「所藏乎身不恕」，反上文也。○王氏曰：此以上只說家齊成教於國之效，此下方説到「推」字。《章句》「然後可」三字，是審其所推而自反，張子所謂「以責人之心責己，則盡道」是也。○〔通〕曰：天下未嘗有無忠之恕，忠是在內底，恕是推出在外底。此一「恕」字，人皆知其以推己之恕言，不知「藏乎身」三字，已帶盡己之忠言也。此章「有」、「無」二字，必自誠意章説來，可見天下未嘗有無忠之恕。況上文「心誠求之」，即是誠意之「誠」，非有二也。誠意者，「如惡惡臭，如好好色，皆務決去而求必得之」。「求必得之」，則有諸己矣；「務決去之」，則無諸己矣。

故治國在齊其家。

通結上文。

《詩》云：「桃之夭夭，其葉蓁蓁；之子于歸，宜其家人。」宜其家人，而后可以教國人。夭，平聲。蓁，音臻。

《詩》，《周南·桃夭》之篇。夭夭，少好貌。蓁蓁，美盛貌。興也。之子，猶言是子，此指女子之嫁者而言也。婦人謂嫁曰「歸」。宜，猶善也。

《詩》云：「宜兄宜弟。」宜兄宜弟，而后可以教國人。

《詩》，《小雅·蓼蕭》篇。

《詩》云：「其儀不忒，正是四國。」其爲父子兄弟足法，而后民法之也。

《詩》，《曹風·鳲鳩》篇。忒，差也。

此謂治國在齊其家。

此三引《詩》，皆以詠歎上文之事，而又結之如此。其味深長，最宜潛玩。北山陳氏曰：古之人凡辭有盡而意無窮者，多援詩以吟咏其餘意。○金氏曰：三引《詩》，見父子、兄弟、夫婦，最齊家之大端。然其首引《桃夭》「宜家」之詩，繼引《蓼蕭》「宜兄宜弟」之詩，何也？天下之未易化者，婦人；而人情之每易失者，兄弟。齊家者而至於使之子之宜家、兄弟之相宜，則家無不齊者矣。宜乎「其儀不忒」，而足以「正是四國」也。○自修身而齊家，自齊家而治國，自治國而平天下，有二道焉：一是化，一是推。化者，自身教而動化也；推者，推此道而擴充之也。故此一章並含兩意，自章首「至成於國」一節是化，三「所以」是推，「如保赤子」繼「慈者使衆」而言一節是推，「一家仁」以下一節是化，「帥天下」一節是化，「有諸己」一節繼「所令反其所好」而言是推，三引《詩》是化。惟化則可推，惟推則皆化，非化則推不行，非推則化不周。〇《通》曰：子思《中庸》引《詩》明行遠自邇之意，必先妻子好合，而後兄弟既翕；此三引《詩》，首以婦人之宜其家人者，而繼之以宜其兄弟。蓋家人離必起於婦人，非刑於寡妻者，未易至於兄弟，亦未易御於家邦也。其示人以治國之在齊其家也，益嚴矣。

右傳之九章。釋齊家、治國。

傳十

所謂平天下在治其國者：上老老而民興孝，上長長而民興弟，上恤孤而民不倍，是以君子有絜矩之道也。長，上聲。弟，去聲。倍，與背同。絜，胡結反。

老老，所謂「老吾老」也。興，謂有所感發而興起也。孤者，幼而無父之稱。絜，度待洛反，下同也。矩，所以爲方也。言此三者，上行下效，捷於影響，所謂家齊而國治也。亦可以見人心之所同，而不可使有一夫之不獲矣。是以君子必當因其所同，推以度物，使彼我之間各得分願，則上下四旁均齊方正，而天下平矣。《語録》：上之人老老、長長、恤孤，則下之人興孝、興弟、不倍，此是説上行下效；到絜矩處，是就政事上言。若但興起其善心，而不有以使之得遂其心，則雖能興起，終亦徒然。○民之感化如此，可見天下之人心都一般。君子既知人都有這様心，所以有絜矩之道，要得人皆盡其心。○不有「一夫之不獲」者，無一夫之不得此理也。只是我能如此，而他人不能如此，則是不平矣。○絜矩之説，不在前數章，却在治國、平天下之後。到此是接〔一〕次成了，

〔一〕「接」，今本《朱子語類》作「節」。

方用得。○絜矩非是外面別有箇道理，只便是前面正心、修身推而措之，又不是其他機巧變詐權謀之說。○金氏曰：首三句是化，絜矩是推，既有以化之而興其孝、弟、不倍之心，必有以推之而遂其孝、弟、不倍之願。○推之者，莫大於從其所好、勿施所惡。所好在因其利，所惡在奪其利。○饒氏曰：矩非方也，乃所以爲方之具也。匠人將欲爲方，必先度之以矩；君子之欲平天下者，果以何物爲矩而度之哉？亦推此心而已。○盧氏曰：矩猶則也。明德至善，吾心本然之則也。以此齊家，絜矩於家也；以此治國，絜矩於國也；以此平天下，絜矩於天下也。絜矩之道，即明明德於天下之道也。○熊氏曰：老老、長長、恤孤，即上章孝、弟、慈三者申言之，以家齊而言也；興孝、興弟、不倍，以國治而言也；有絜矩之道，方是就平天下說。治國主教化而言，故但及觀感興起之事；平天下主政事而言，則必有所以治之之道，方能使均一也。○《通》曰：此章當分爲八節。右第一節，言所以有絜矩之道。夫子十五志學，即此所謂「大學」。志學以下分知行，到末節方言「不踰矩」，是生知、安行之極致；格物而下亦分知行，到末章方言「絜矩」，是致知、力行之極功。矩者何？人心天理當然之則也，所謂「明德」是也。吾心自有此天則，聖人隨吾心之所欲，自不踰乎此則，故曰「不踰矩」；人心同有此天則，學者即吾心之所欲，以爲施於人之則，故曰「絜矩」。乍看不踰矩，「矩」字似說得精；絜矩，「矩」字似說得粗。要之，只是一箇「矩」字。但「不踰矩」之矩，渾然在吾方寸中，是矩之體，是大德之敦化；「絜矩」之矩，於人己交接之際見之，是矩之用，是小德之川流。規、矩皆法度之器，此獨曰「矩」者：規圓矩方，圓者動而方者止。「不踰矩」即是明德之止至善，「絜矩」即是所惡於上，毋以使下；所惡於下，毋以事上；所惡於前，毋以先後；所惡於後，毋以從前；所惡於右，毋以交於左；所惡於左，毋以交於右：此之謂絜矩之道。惡、先，並去聲。

此覆解上文「絜矩」二字之義。如不欲上之無禮於我，則必以此度下之心，而亦不敢以此無禮使之。不欲下之不忠於我，則必以此度上之心，而亦不敢以此不忠事之。至於前後左右，無不皆然，則身之所處，上下四旁，長短廣狹，彼此如一，而無不方矣。彼同有是心而興起焉者，又豈有一夫之不獲哉？所操者約，而所及者廣，此平天下之要道也。故章内之意，皆自此而推之。《語録》：「己欲立而立人，己欲達而達人」，是兩摺說，只以己對人。若絜矩，則上之人所以待己，己又所以待人，是三摺說，如《中庸》「所求乎子以事父未能」意思。○非是言上下之分欲其均平，蓋事親事長，當使之均平，上下皆得行之。○趙氏曰：物格、知至者，能燭理而明絜矩之義；意誠、心正者，能克己而盡絜矩之道。○王氏曰：所惡，是就人身上切近說，毋以方是推以度人。○金氏曰：六「所惡」，己所不欲也；六「毋以」，勿施於人也，此處當絜。○饒氏曰：以上下左右前後言，則我當其中。上之使我，猶我之使下；下之事我，猶我之事上；至於左右前後皆然，故皆不當以所惡者及之。然以上之使我者使下，而不以事上；以下之事我者事上，而不以使下，則上下之分殊矣。以前之先我者先後，而不以從前；以後之從我者從前，而不以先後，則前後之分殊矣。是理之一中，又有分殊者存，此所以異於墨氏之兼愛、佛法之平等也。○

《通》曰：右第二節，言此之謂絜矩之道。上章舉孝、弟、慈言教化，此章又舉上章所謂孝、弟、慈者，言教化而又言政事。言教化，則我之孝、弟、慈，便是人之孝、弟、慈之矩；言政事，則我欲孝、欲弟、欲慈，或使天下之人不得皆遂其孝、弟、慈，便是不能絜矩。蓋矩者此心而已，只一「矩」字，此心所操者約；加一「絜」字，此心所及者廣。然又須看「是以有此之謂」六字，人之心本無間於己，是以有絜矩之道；己之心能不間於人，此之謂絜矩之道。

《詩》云：「樂只君子，民之父母。」民之所好好之，民之所惡惡之，此之謂民之父母。樂，音洛。只，音紙。好、惡，並去聲；下並同。

《詩》，《小雅·南山有臺》之篇。只，語助辭。言能絜矩而以民心爲己心，則是愛民如子，而民愛之如父母矣。北山陳氏曰：父母之於子，其所好惡無有不知者，體氣同也；至於民之好惡，其君常有所不知，無他，制於形體之異耳。能絜矩，則能以民之心爲心，而可以父母斯民，而民亦父母之矣。

《詩》云：「節彼南山，維石巖巖，赫赫師尹，民具爾瞻。」有國者不可以不慎，辟則爲天下僇矣。節，讀爲截。辟，讀爲僻。僇，與戮同。

《詩》，《小雅・節南山》之篇。節，截然高大貌。師尹，周太師尹氏也。具，俱也。辟，偏也。言在上者人所瞻仰，不可不謹。若不能絜矩而好惡徇於一己之偏，則身弑國亡，爲天下之大戮矣。

《詩》云：「殷之未喪師，克配上帝。儀監于殷，峻命不易。」道得衆則得國，失衆則失國。喪，去聲。儀，《詩》作宜。峻，《詩》作駿。易，去聲。

《詩》，《文王》篇。師，衆也。配，對也。配上帝，言其爲天下君，而對乎上帝也。監，視也。峻，大也。不易，言難保也。道，言也。引《詩》而言此，以結上文兩節之意。有天下者，能存此心而不失，則所以絜矩而與民同欲者，自不能已矣。饒氏曰：「『未喪師』則『克配上帝』，是『得衆則得國』，能絜矩而『爲民父母』者也；喪師則不能配上帝，是『失衆則失國』，不能絜矩而『辟則爲天下僇』者也。」○《通》曰：右第三節，就好惡言絜矩。蓋「好」、「惡」二字，已見誠意、修身二章，特誠意是好惡其在己者，修身章推之以好惡其在人者，此章又推之以好惡天下之人者也。誠意章主慎獨，其爲好惡也一誠無僞；此章主絜矩，其爲好惡也一公無私。修身章是言不能慎獨則好惡之辟不足以齊其家；此章是言不能絜矩，則好惡之辟不足以平天下。所謂血脈貫通者，又於此見之，不可不詳味也。慎獨是「敬以直内」，絜矩是「義以方外」。

是故君子先慎乎德。有德此有人，有人此有土，有土此有財，有財此有用。

先慎[一]乎德，承上文不可不謹而言。德，即所謂明德。有人，謂得衆。有土，謂得國。有國，則不患無財用矣。《語録》：爲國絜矩之大者，又在於財用，所以後面只管説財。○定宇陳氏曰：揭「明德」訓此「德」字，見「明明德」爲一書之綱領。此章言財用，始此財用之有，本於慎德而有之，非私有也。

德者，本也；財者，末也。

本上文而言。

外本内末，爭民施奪。

人君以德爲外，以財爲内，則是爭鬬其民，而施之以刼奪之教也。蓋財者人之所同欲，不能絜矩而欲專之，則民亦起而爭奪矣。《語録》：民本不是要刼奪，惟上之人以德爲外，而急於貨財，暴征横斂，民便效尤，相攘相奪，則是上教得他如此。

是故財聚則民散，財散則民聚。

外本内末故財聚，爭民施奪故民散，反是，則有德而有人矣。

是故言悖而出者，亦悖而入；貨悖而入者，亦悖而出。悖，布内反。

[一] 「慎」，《四書章句集注》當塗郡齋本作「謹」。下文「自先慎乎德以下至此」同。

悖，逆也。此以言之出入，明貨之出入也。自先謹乎德以下至此，又因財貨以明能絜矩與不能者之得失也。新安吴氏曰：慎德而有人有土，與財散民聚，能絜矩者之得也；内末而爭民施奪，與財聚民散，悖入悖出，不能絜矩者之失也。

《康誥》曰：「惟命不于常！」道善則得之，不善則失之矣。

道，言也。因上文引《文王》詩之意而申言之，其丁寧反覆之意益深切矣。饒氏曰：此「得」、「失」字串前「得」、「失」字，以德爲本則善，善則得衆而得國矣；以財爲本則不善，不善則失衆而失國矣。○《通》曰：右第四節，就財用言絜矩。好惡不能絜矩，任己自私，不可以平天下；財用不能絜矩，瘠民自肥，亦不可以平天下。故曰「辟」、曰「僇」，形容好惡不絜矩之失；此曰「爭」、曰「奪」、曰「悖」，形容財用不絜矩之失。鄭氏訓「悖」字，以爲「君有逆命，則民有逆辭；上貪於利，則下人侵畔」，朱子以爲深得其旨。嗚呼，民何嘗爭！何嘗奪！爭其民而教之刦奪者，誰歟？下人何嘗敢自侵畔！所以使之侵畔者，誰歟？平天下者，不可不深自警省也。

《楚書》曰：「楚國無以爲寶，惟善以爲寶。」

《楚書》，《楚語》。言不寶金玉而寶善人也。鄭氏曰：《楚書》，楚昭王時書也。言以善人爲寶。時，謂觀射父、昭奚恤也。

舅犯曰：「亡人無以爲寶，仁親以爲寶。」

舅犯，晉文公舅狐偃，字子犯。亡人，文公時爲公子，出亡在外也。仁，愛也。事見《檀弓》。鄭氏曰：文公時避驪姬之讒，亡在翟。而獻公薨，秦穆公使子顯因勸之復國，舅犯爲之對此辭也。○四明李氏曰：楚爲《春秋》所惡，舅犯特伯主之佐耳，《大學》參稽格言以垂訓萬世，乃於此乎取，何歟？蓋天下之善無窮，君子之取善亦無窮，猶《書》紀帝王而繼之以《秦誓》，故下文及之。

此兩節又明不外本而内末之意。盧氏曰：不以金玉爲寶，而以善人爲寶；不以得國爲寶，而以愛親之道爲寶，是能内本而外末者也。○饒氏曰：此就財上説來，却接用人説去，蓋天下惟理財、用人二事最大。○【《通》曰】：右第五節，當連上文善與不善看。在我者，惟善則得之；在人者，亦當惟善是寶。兩「寶」字結上文財用。惟善仁親，又起下文之意。蓋第三節言好惡，第四節言財用，此兩節則兼財用、好惡言也，其條理之密如此。

《秦誓》曰：「若有一个臣，斷斷兮無他技，其心休休焉，其如有容焉。人之有技，若己有之，人之彦聖，其心好之，不啻若自其口出，寔能容之，以能保我子孫黎民，尚亦有利哉。人之有技，媢疾以惡之，人之彦聖，而違之俾不通，寔不能容，以不能保我子孫黎民，亦曰殆哉。」个，古賀反，《書》作介。斷，丁亂反。媢，音冒。

《秦誓》，《周書》。斷斷，誠一之貌。彥，美士也。聖，通明也。尚，庶幾也。媢，忌也。違，拂戾也。殆，危也。饒氏曰：大臣得其人，則能視人之有才、有德，如己之所有，而利及其國家人民，此皆絜矩，而人所同好者也。大臣非其人，則有才者嫉之、有德者違之，而害及其國家人民，此不能絜矩，而人之所同惡者也。○方氏曰：問：「其如有容。」曰：「其，疑辭也。有甚物似他有容者，言無可比他有容之大。」

唯仁人放流之，迸諸四夷，不與同中國。此謂唯仁人爲能愛人，能惡人。迸，讀爲屏，古字通用。

迸，猶逐也。言有此媢疾之人，妨賢而病國，則仁人必深惡而痛絶之。以其至公無私，故能得好惡之正如此也。盧氏曰：承上節下一截而言。痛絶媢嫉者，謂能惡人可也，謂能愛人何也？去小人而不能絶之，則雖進君子而不能安之。去小人，固所以進君子；絶小人，乃所以安君子。吾之威，在媢嫉之人；吾之恩，在天下後世矣。

見賢而不能舉，舉而不能先，命也；見不善而不能退，退而不能遠，過也。遠，去聲。

命，鄭氏云當作「慢」，程子云當作「怠」，未詳孰是。若此者，知所愛惡矣，而未能盡愛惡之道，蓋君子而未仁者也。《語録》：先，是早底意思。○饒氏曰：命，是不將來做事。○定宇陳氏曰：舉不先，未盡愛之道；退不遠，未盡惡之道。上文能愛惡，仁人也；此不能盡愛惡之道，所以爲君子而未仁。

好人之所惡，惡人之所好，是謂拂人之性，菑必逮夫身。菑，古災字。夫，音扶。

拂，逆也。好善而惡惡，人之性也。至於拂人之性，則不仁之甚者也。自《秦誓》至此，又皆以申言好惡公私之極，以明上文所引《南山有臺》、《節南山》之意。《語録》：「斷斷」者是能絜矩，「媢嫉」是不能絜矩。「仁人放流之」，是大能絜矩；「見賢而不能舉，舉而不能先」，是稍不能絜矩；「好人之所惡，惡人之所好」，是大不能絜矩。○《通》曰：右第六節，就用人言好惡。有容之人，於有德、有才者好之，是好民之所好，而其有容也，天下之所同好也。媢嫉之人，於有德、有才者沮之，是惡民之所好，而其媢嫉也，亦天下之所同惡也。仁人至公無私，所以於此媢嫉者，深惡而痛絶之。慢與過，雖知所好惡而未盡好惡之道，君子而未仁者也。好惡拂人之性，則不仁之甚者也。《大學》於此提出「仁」之一字，而《章句》又以君子之未仁、小人之不仁者言之。蓋絜矩是恕之事，恕所以行仁，故特以仁結之。

是故君子有大道，必忠信以得之，驕泰以失之。

君子，以位言之。道，謂居其位而修己治人之術。發己自盡爲忠，循物無違謂信。驕者矜高，泰者侈肆。此因上所引《文王》、《康誥》之意而言。章内三言得失，而語益加切，

蓋至此而天理存亡之幾決矣。《語録》：得衆、失衆再言，善不善已切矣。終之以忠信、驕泰，分明是就心上説出得失之由以決之。忠信乃天理之所以存，驕泰乃天理之所以亡。○饒氏曰：此「得」、「失」字，又串前兩段「得」、「失」字而言。大道乃絜矩之道，即上文所謂善也。由上文觀之，固知得衆則得國，而又知善則得之矣。然所以得此善者，又必有其故，亦曰：忠信則得善之道，驕泰則失善之道也。忠信即是誠意，驕泰乃忠信之反也。以此觀之，可見誠意不特爲正心、修身之要，而又爲治國、平天下之要。○《通》曰：右第七節，不分言好惡與財用之絜矩，但言「君子有大道」，此「道」字即章首所謂「絜矩之道」也。「忠信以得之」者，在己有矩之心，而發己自盡則爲忠；在物有矩之理，而循物無違則爲信。「驕泰以失之」者，驕者矜高，不肯下同乎民之好惡，非絜矩之道也；泰者侈肆，必至於横斂乎民之財用，非絜矩之道也。忠信是真實之心，道以此得；驕泰是虚浮之氣，道以此失。前兩言得失，人心天命存亡之幾也；此言得失，吾心天理存亡之幾也。《章句》此一「幾」字，當與誠意章「幾」字通看。

生財有大道，生之者衆，食之者寡，爲之者疾，用之者舒，則財恒足矣。恒，胡登反。

吕氏曰：「國無游民，則生者衆矣；朝無幸位，則食者寡矣；不奪農時，則爲之疾矣；量入爲出，則用之舒矣。」愚按：此因有土、有財而言，以明足國之道在乎務本而節用，

非必外本内末而後財可聚也。自此以至終篇，皆一意也。饒氏曰：前説「財者末也」，更不説財；到此又提起説，謂財雖是末，亦是重事。若要生財，亦自有箇大道。四者不可舉一廢一，這便是生財之正路，外此皆邪徑也。○金氏曰：天地間自有無窮之利，有國家者亦本有無窮之財，但勤者得之，怠者失之，儉者裕之，奢者耗之，故傳之四語，萬世理財之大法。○定宇陳氏曰：務本，謂生衆爲疾，所以開財之源；節用，謂食寡用舒，所以節財之流。疾，速。舒，緩也。

仁者以財發身，不仁者以身發財。

發，猶起也。仁者散財以得民，不仁者亡身以殖貨。《語録》：「仁者以財發身」，不是特地散財以取名，只是不私其有，則人自歸之，是言散財之效如此。○饒氏曰：「財散則民聚」，此「以財發身」也；「財聚則民散」，此「以身發財」也。

未有上好仁而下不好義者也，未有好義其事不終者也，未有府庫財非其財者也。

上好仁以愛其下，則下好義以忠其上。所以事必有終，而府庫之財無悖出之患也。《語録》：上仁下義，只是一箇道理。在上便唤做仁，在下便唤做義，在父便謂之慈，在子便謂之孝，只如「孝慈則忠」一般。○方氏曰：問：「如何上仁而下便義？」曰：「只是一理，在上謂之仁，在下謂之義，在父謂之慈，在子謂之孝。」

孟獻子曰：「畜馬乘，不察於雞豚；伐冰之家，不畜牛羊；百乘之家，不畜聚斂之臣。與其有聚斂之臣，寧有盜臣。」此謂國不以利爲利，以義爲利也。畜，許六反。乘、斂，並去聲。

孟獻子，魯之賢大夫仲孫蔑也。畜馬乘，士初試爲大夫者也。伐冰之家，卿大夫以上，喪祭用冰者也。百乘之家，有采地者也。君子寧亡己之財，而不忍傷民之力，故寧有盜臣，而不畜聚斂之臣。「此謂」以下，釋獻子之言也。《語録》：如食禄之家又畜牛羊，却是與民爭利，便是不絜矩。所以道「以義爲利」者，「義以方外」也。○孔氏曰：按，《書傳》「士飾車駢馬」、《詩》云「四牡騑騑」，大夫以上乃得乘四馬。今下云「伐冰之家」，是卿大夫。今别云「畜馬乘，不察雞豚」，故知「士初試爲大夫」者也。《左》昭四年，「大夫命婦，喪浴用冰」；《喪大記》云，「士不用冰」，故知卿大夫也。士若恩賜亦得用之，但非其常，故《士喪禮》「賜冰則夷槃」可也。○饒氏曰：此段大意在「百乘之家，不畜聚斂之臣」，見用人與理財相關。○盧氏曰：「國不以利爲利」，蓋古語，引之以證獻子之言也。獻子嘗師子思，能知義利之分，故能知絜矩之道也。

長國家而務財用者，必自小人矣。彼爲善之，小人之使爲國家，災害並至。雖有善者，亦無如之何矣！此謂國不以利爲利，以義爲利也。長，上聲。

「彼爲善之」，此句上下，疑有闕文誤字。○自，由也，言由小人導之也。此一節，深明

以利爲利之害，而重言以結之，其丁寧之意切矣。真氏曰：《大學》所謂「利」，專指財利而言。伊川先生云：「利不獨財利，凡有一毫自便之心，即是利。」此論尤有補於心術之微。至南軒先生，又謂：「無爲而爲之，皆義也；有爲而爲之，則利也。」其言愈精且微。然必先以不貪財利爲根脚基址，方可説上兩節。如「貧而無諂，富而無驕」，方能漸至「樂」與「好禮」之地。循序用力，自粗至精，方可純乎天理也。○熊氏曰：指用人而言，又總結以務財用必自小人始，而深致嚴於義利之辨。用君子則自有義中之利，用小人則利未得而害已隨之。此章雖以用財、用人分爲二節，其實能用人則能理財，不過一道而已。○金氏曰：國，天下之國；家，天下之家也。君之者長之而已，固非其所得私也，況可專其利以自私乎？○「彼爲善之」上下，必有闕文，當作「彼爲不善之小人」，與下文「雖有善者」正相對。○**《通》曰**：誠意章曰「小人閒居爲不善」，故此章曰「彼爲不善之小人」，前後正相應。蓋「掩其不善而著其善」，平日已害自家心術，所以用之必爲天下國家之害也。○右第八節，生財大道亦即絜矩之道。能使天下之人皆務本，而上之人自不節用，非絜矩矣。第六節言「仁人」，此節言「仁者」，皆因絜矩而言也。絜矩爲恕之事，恕爲仁之方，好惡不能恕，安得如仁人能愛人、能惡人？財用不能恕，安能如仁者以財發身？末又舉獻子之言者，用人亦當取其絜矩也。於好惡不能絜矩者，媢嫉之人也；於財用不能絜矩者，聚斂之臣也，皆小人不仁之甚者也。故曰「災必逮夫身」，曰「災害並至」，皆指其不能絜矩之禍言之，爲戒深矣。義利之辨，《大學》之書以此終，

《孟子》之書以此始，道學之傳，有自來矣！

右傳之十章。釋治國、平天下。

此章之義，務在與民同好惡而不專其利，皆推廣絜矩之義也。能如是，則親賢樂利各得其所，而天下平矣。

凡傳十章：前四章統論綱領指趣，後六章細論條目功夫。其第五章乃明善之要，第六章乃誠身之本，在初學尤爲當務之急，讀者不可以其近而忽之也。《通》曰：明善誠身，《中庸》言之，《孟子》又言之，其説元自《大學》致知、誠意來。《章句》之末舉此二者，以見曾、思、孟之相授受。又以戒學者當以此爲先務，不可以其近而忽之。纔有忽心，即是不敬，朱子曰：「敬者，聖學之所以成始而成終也。」欲學《大學》者，可須臾毫釐之不敬哉？

大學章句

後學成德校訂

中庸通

［元］胡炳文 著

宋健 點校

中庸朱子序

後學　胡炳文　通

《中庸》何爲而作也？子思子憂道學之失其傳而作也。〔《通》曰〕：道統之傳，朱子獨於《中庸》言之，何也？朱子嘗曰：「聖人之道所以異乎老、釋之徒者，以其精粗、隱微、體用渾然，莫非大中至正之矩，而無偏倚、過不及之差。」聖賢相傳只是一「中」字，自堯、舜以及三代之隆，斯道如日中天，魑魅無所容迹，未聞有異端之説，《中庸》可無作也；至孔子時，始曰「攻乎異端」，然其説猶未敢盛行；至子思時，則有可憂者矣。憂異端之得肆其説，所以憂道學之不得其傳也。蓋自上古聖神繼天立極，而道統之傳有自來矣。王氏曰：「『道統』二字，未有人提出説得如此的確。昌黎略及之，亦是虚説而已。」其見於經，則「允執厥中」者，堯之所以授舜也；「人心惟危，道心惟微，惟精惟一，允執厥中」者，舜之所以授禹也。堯之一言，至矣、盡矣；而舜復益之以三言者，則所以明夫堯之一言，必如是而後可庶幾也。《語録》：中，只是箇恰好底道理。允，是真箇執得。堯當時告舜只一句，舜已曉得，所以不復更説；舜告禹又添三句，説得又較仔細，這三句是「允執厥中」以前事，是舜教禹做工夫處，便是怕禹尚未曉得，故恁地説。○舜、禹相傳，只就這「心」上理會也，只在日用動静之間求之，不是去虚空中討一箇物事來。○只是一箇心，有道理底「人心」即是「道心」。○黄氏曰：人，指此身而言；道，指此理而言。發於此身者，喜、怒、哀、樂是也；發於此理者，仁、義、禮、智是也。○勿齋程氏曰：人生而静，氣未用事，未有人與道之分，但謂之「心」而已；感物而動，始有「人心」、「道心」之分焉。精、一、執、中，皆是動時工夫。○《通》曰：「六經」言道統之傳自《虞書》始，不有《論語》表出「堯曰『允執厥中』」，則後世孰知舜之三言所以明堯之一言哉？《論語》「執中」字，朱子無明釋；至《孟子》「湯執中」，始釋之曰「守而不失」，意可見矣。然畢竟謂之「執」者，自後世論，堯之聖不可以賢者之「固執」例論。自堯之心推之，則聖不自聖，只此「執」字，愈見堯之所以爲聖爾。况「中」無定形，儻不言「執」，人將視之如風如影，無可捕詰矣；然「執」之工夫，只在「精」、「一」上。堯授舜曰「允執厥中」，如夫子語曾子以「一貫」；舜授禹必由「精」、「一」而後「執中」，是猶曾子告門人必由「忠」、「恕」而達於「一貫」也。

蓋嘗論之，心之虚靈知覺，一而已矣。《語録》：所以覺者，心之理；能覺者，氣之靈。○陳氏曰：人得天地之理爲性，得天地之氣爲體。理與氣合，方成箇心；有箇虚靈知覺，便是身之所以爲主宰處。○勿齋程氏曰：虚靈，心之體；知覺，心之用。○趙氏曰：知，是識其所當然；覺，是悟其所以然。**而以爲有人心、道心之異者，則以其或生於形氣之私，或原於性命之正，**《語録》：天生此民時，已是命他以此性了。形氣是口、鼻、耳、目、四肢之屬，未可便謂之私欲；但此數件事屬之自家，便是私有底物，不比道便公共。○真氏曰：私，猶言我之所獨耳，今人言私親、私恩之類。或問：「『六經』中曾有謂『私』非『惡』者否？」曰：「『遂及我私』，『言私其豵』，如此類，以惡言之，可乎？」○《通》曰：須看「生」字與「原」字：生，是氣已用事時；原，是從大本上説，就氣之中指其不雜乎氣者言。**而所以爲知覺者不同，**《語録》：只是這一箇心：知覺從耳目上去，便是「人心」；知覺從義理上去，便是「道心」。○《通》曰：前言「虚靈知覺」，兼體用言；此獨言「知覺」，專以用言。「虚靈」同「知覺」異，須看「所以」兩字：或生於形氣之私，所以或從氣上知覺；或原於性命之正，所以或從理上知覺。**是以或危殆而不安，或微妙而難見耳。**《語録》：「危」未便是不好，只是危險，在欲墮未墮之間耳。「微」者難明，有時發見些子，使自家見得；有時又不見了。○陳氏曰：「人心」方是就此軀殼上平説，未是不好底物；但此心最䑙䑗不安，易流於不好，故謂之「危」。如，飢思食、渴思飲，此由形體而發，人心也。因而飲食未害也，若窮口腹之欲便陷矣。「道心」專是就義理上説，但此心本無形狀，至幽微而難見，故謂之「微」。如，「嘑爾」、「蹴爾」、「嗟來」等食，皆不肯食，此由義理而發，道心也。若「其嗟也可去，其謝也可食」，則於理甚隱，至爲難知，非賢哲莫能識之。○《通》曰：心一而已，而曰「人心」、「道心」，心豈有二哉？堯曰執中，是已發之中，故舜明執中之旨，亦只就心之發處言之。本只是一箇心，自形氣上發出，則謂之「人心」；自義理上發出，則謂之「道心」。朱子以前，多便指人心爲人欲，殊不知氣以成形，是之謂人；理亦賦〔一〕焉，是之謂道。非人無以載此道，故言「道心」必先言「人心」；非道則其爲人也不過血氣之軀爾，故言「人心」必言「道心」。如，飲食男女，人心也；飲食男女之得其正，即道心也。故其發也，危而不安；而發之正者，又微而難見，實非有兩心也。**然人莫不有是形，故雖上智不能無人心；亦莫不有是性，故雖下愚不能無道心。**《語録》：問：「上智何以更有人心？」曰：「人自有人心、道心：饑寒痛癢，此人心也；惻隱、羞惡、辭讓、是非，此道心也。雖上智亦同。」○《通》曰：上文曰「形氣之私」，此但曰「形」，蓋氣在天而人得之以成形，故言「形」不必言「氣」。上文曰「性命之正」，此但曰「性」，蓋命在天而人稟之以成性，故言「性」不必言「命」。**二者雜於方寸之間，而不知所以治之，則危者愈危、微者愈微，而天理之公卒無以勝夫人欲之私矣。**陳氏曰：二者在方寸間，本自不相紊亂。

〔一〕「賦」，原作「付」，據《四書章句集注》朱文改。

○又曰：二者無日無時不發見呈露，非是判然爲二物不相交涉，只在人識別之。○定宇陳氏曰：危愈危，流於惡；微愈微，幾於無。○《通》曰：人心未便是人欲，到不知所以治之，方説得人欲。上文「形氣之私」，與「性命之正」對言，那「私」字未便是不好；此曰「人欲之私」，與「天理之公」對言，此「私」字不好了。**精，則察夫二者之間而不雜也；一，則守其本心之正而不離也。**《通》曰：此一「間」字，朱子喫緊教人處。孟子曰「利與義之間」，其所謂「間」者，猶易剖析；此所謂「二者之間」，方雜於方寸，非精以察之不可也。「本心之正」，即上文所謂「原於性命之正」。朱子嘗曰：「《中庸》一書，本只是隨時之中。其所以有隨時之中者，是緣有那未發之中在。」故於此論其發而爲道心者，亦必原其未發而爲性命之正者。蓋其本也真而靜，其未發也五性具焉，此所謂「性命之正」也，即吾「本心之正」也。形既生矣，外物觸其形而動於中矣。於是其發也始有人心、道心之異，能「一」於道心，是即「守其本心之正而不離」也。**從事於斯，無少間斷，必使道心常爲一身之主，而人心每聽命焉，**《語録》：問：「人心可無否？」曰：「如何無得，但以道心爲主，而人心每聽道心之區處方可。」**則危者安、微者著，而動靜云爲自無過不及之差矣。**《文集》：不待擇於過不及之間，而自然無不中矣。○陳氏曰：如此則日用之間無往而非中。凡聲之所發，便合律；身之所行，便合度。凡由人心而出者，莫非道心之流行。○《通》曰：人心本危，能收斂入來，則「危者安」；道心本微，能充拓出去，則「微者著」。然功夫惟在「精」、「一」，《論語》「博文約禮」、《大學》「致知誠意」、《孟子》「知天事天」、《中庸》「擇善固執」，皆是也。以此見中如何執，只「精」、「一」便是「執」之工夫，所以朱子於此亦不復釋「執」字也。然朱子雖不以「守」字釋此「執」字，却曰：「一，則守其本心之正而不離。」於此下一「守」字，最見得執中之功全在於「惟一」。

夫堯、舜、禹，天下之大聖也。以天下相傳，天下之大事也。以天下之大聖，行天下之大事，而其授受之際，丁寧告戒，不過如此，則天下之理，豈有加於此哉？陳氏曰：此是大綱目處，堯、舜、禹之所以傳受天下，皆是此道理。○《通》曰：「天下之理，豈有加於此」者，「中」之一字，聖聖相傳之道，莫加於此也；「精」、「一」二字，聖聖相傳之學，莫加於此也。

自是以來，聖聖相承：若成湯、文、武之爲君，皋陶、伊、傅、周、召之爲臣，既皆以此而接夫道統之傳；王氏曰：三代道統，兩句束定。**若吾夫子，則雖不得其位，而所以繼往聖、開來學，其功反有賢於堯、舜者。**《孟子集注》：堯、舜治天下，夫子又推其道以垂教萬世。堯、舜之道非得孔子，則後世亦何所據哉？○王氏曰：世變日降，道統在下，故此以後，叙孔門一派道統。○《通》曰：未論「六經」之功有賢於堯、舜，只如此執中一語，夫子不於《論語》之終發之，孰知其爲堯之言？不於「堯曰執中」之後而繼之湯、武誓師之意，與其施於政事者，又孰知夫堯、舜之授受者此「中」，而湯、武之征伐者亦此「中」也哉？姑即一節言之，其功賢於堯、舜可知矣。**然當是時，見而知之者，惟顔氏、曾氏之傳得其宗。**饒氏曰：朱子《大學》、《中庸》序文，皆説「曾氏之傳得其宗」。《大學》之宗在首章，《中庸》之宗在「惟精惟一，允執厥中」。道以中庸爲準的，然却要明而誠之：中庸是道，明誠是學。「精」即「明」，「一」即「誠」。○《通》曰：夫子以前，傳道統者，皆得君師之位，而斯道以行；夫子以後，傳道統者，皆不得君師之位，而斯道以明。故明堯、舜、禹、湯、文、武之道者，夫子「六經」之功；而明夫子之道者，曾子《大學》、子思《中庸》之功也。**及曾氏之再傳，而復得夫子之孫子思，則去聖遠而異端起矣。子思懼夫愈久而愈失其真也，於是推本堯、舜以來相傳之意，質以平日所聞父師之言，更互演繹，作爲此書，以詔後之學者。蓋其憂之也深，故其言之也切；其慮之也遠，故其説之也詳。**《通》曰：「去聖遠而異端起」，此子思所深憂也。既曰「憂之深」，又曰「慮之遠」，以爲重復。切，謂前有千載不傳之緒，故「憂之也深」；後有異端似是而非，故其「慮之也遠」。「言之也切」，道莫切於「中」，學莫切於「精」、「一」；「説之也詳」，則三十三章可謂詳矣。**其曰「天命率性」，則道心之謂也；**

《語録》：性是心之道理。○《通》曰：性是心未發時，此理具於此心；道心是心發時，此心合乎此理。

其曰「擇善固執」，則精、一之謂也；《語録》：擇善，即惟精；固執，即惟一。○《通》曰：「擇善固執」，是論賢者之學；「精」、「一」，是兼論聖、賢之學。**其曰「君子時中」，則執中之謂也。**《語録》：「時中」是無過不及底中，「執中」亦然。○《通》曰：「執中」二字，堯言之；「時中」二字，至孔子始言之。道不合乎「中」，異端之道，非堯、舜之道；中不合乎「時」，子莫之執中，非堯、舜之執中。**世之相後，千有餘年，而其言之不異，如合符節。歷選前聖之書，所以提挈綱維、開示藴奥，未有若是其**〔一〕**明且盡者也。**《通》曰：「提挈綱維」，舉其大者而小者不能遺；「開示藴奥」，闡其幽者而顯者不能外：此八字，得《中庸》一書之大概矣。**自是而又再傳以得孟氏，爲能推明是書，以承先聖之統，**趙氏曰：《中庸》深處，多見於《孟子》。如，「道性善」，原於天命之謂性也；「存心」、收「放心」，致中也；「擴充」其仁義之心，致和也。「誠者，天之道；思誠者，人之道」一章，其義悉本於

〔一〕「其」，《四書章句集注》司禮監本、吴本作「之」。

《中庸》，尤足以見淵源之所自。

及其没而遂失其傳焉。則吾道之所寄，不越乎言語文字之間，而異端之説日新月盛，以至於老、佛之徒出，則彌近理而大亂真矣。《語録》：便是他那道理也有極相似處，只是説得來别，須是看得他那「彌近理而大亂真」處始得。○陳氏曰：彌近理而大亂真，甚相似而絶不同也。然非物格知至、理明義精者，不足以識破。然而尚幸此書之不泯，故程夫子兄弟者出，得有所考，以續夫千載不傳之緒；得有所據，以斥夫二家似是之非。蓋子思之功於是爲大，而微程夫子，則亦莫能因其語而得其心也。《通》曰：微程子，莫能因子思之語而得子思之心；微朱子，莫能折衷程門諸子之説而得程子之心。惜乎其所以爲説者不傳，而凡石氏之所輯録，僅出於其門人之所記，是以大義雖明，而微言未析。至其門人所自爲説，則雖頗詳盡而多所發明，然倍其師説而淫於老、佛者，亦有之矣。《文集》：明道不及爲書，世傳陳忠肅公所序者，乃吕氏所著别本也。伊川雖嘗言「《中庸》已成書」，然亦不傳於學者。或以問和靖尹公，則曰：「先生自以不滿其意而火之矣。」二夫子既皆無書，故今所傳，特出於門人記其平居問答之辭。惟吕氏、游氏、楊氏、侯氏爲有成書。若謝氏、尹氏，則亦或記其語之及此者耳，又皆别自爲編，或頗雜出他記。

熹自蚤歲即嘗受讀而竊疑之，沉潛反復，蓋亦有年，一旦恍然似有以得其要領者，然後乃敢會衆説而折其中，既爲定著章句一篇，以俟後之君子。而一二同志復取石氏書，删其繁亂，名以《輯略》，且記所嘗論辯取舍之意，別爲《或問》，以附其後。衛氏曰：按，《中庸》一篇，會稽石氏集解，自濂溪先生而下凡十家，文公嘗爲之序；已而自著《章句》，以十家之説删成《輯略》，別著《或問》，以開曉後學。然後此書之旨，支分節解，脈絡貫通，詳略相因，巨細畢舉，而凡諸説之同異得失，亦得以曲暢旁通，而各極其趣。雖於道統之傳，不敢妄議，《通》曰：《孟子》末章，若不敢自謂已得道統之傳，而實有不得辭者；朱子此語亦然。然初學之士，或有取焉，則亦庶乎行遠升高〔一〕之一助云爾。程子曰：《中庸》一卷書，自言理便推之於事。如，「國家有九經」，及歷代聖人之迹，莫非實學也。如登九重之臺，自下而上爲是。○《通》曰：《中庸》一書，言天理處雖若至高至遠，中間説人事，未嘗無自下升高、自邇行遠之功夫，故朱子以其《章句》爲「行遠升高之一助」。○《大學》言心不言性，故朱子於序言「性」詳焉；《中庸》言性不言心，故此序

〔一〕「行遠升高」，《四書章句集注》司禮監本作「升高行遠」。

言「心」詳焉。

淳熙己酉春三月戊申，新安朱熹序

中庸朱子序

中庸上

朱子章句

後學 胡炳文 通

中者，不偏不倚、無過不及之名。庸，平常也。《語録》：名篇本取「時中」之「中」，然所以能時中者，蓋有未發之中在。所以先説未發之中，然後説「君子之時中」。○在中之義，是言在裏面底道理，非以「在中」釋「中」字。○在中者，未動時恰好處；纔發時，不偏於喜則偏於怒，不得謂之在中矣。○不偏者，明道體之自然，即無所倚着之意；不倚，則以人而言，乃見其不倚於物耳。○陳氏曰：庸，只是日用平常之道。如君臣之義、父子之親、夫婦之别、長幼之序、朋友之信。凡日用間常行而不可廢者，便是平常道理。又曰：程子以「不易」解「庸」字，亦是謂萬古常然而不可易；但其義未盡，不若「平常」字親切，可包「不易」字。蓋天下事物之理，惟「平常」然後可以「不易」。若怪異之事，可暫而不可常。佛、老説道理便入於高遠玄妙，不知自堯、舜、三代以來，只是一箇平常道理，所以萬世常然而不可易。「平常」、「不易」，本作一意看。○《通》曰：朱子於《語》、《孟》釋

「中」字，但曰「無過不及」，以中之用言；《中庸》有所謂未發之中，故添「不偏不倚」四字，兼中之體用言。「不偏不倚」，本程子；「無過不及」，本吕氏；「庸，平常也」，是自朱子發出。蓋雖堯、舜之禪讓，湯、武之征伐，只是此中，則亦只是此平常之理也。

子程子曰：「不偏之謂中，不易之謂庸。中者，天下之正道；庸者，天下之定理。」《語録》：問：「『正道』、『定理』，恐『道』是總括之名，『理』是道裏面有許多條目。」曰：「緊要在『正』字、『定』字上。『中』只是箇恰好道理，爲見不得是亘古今不可變易底，故更着箇『庸』字。」○《通》曰：朱子曰：「有中而後有庸。」以程子所釋觀之：「不偏」所以「不易」，「天下之正道」，即所以爲「天下之定理」，亦非有二也。**此篇乃孔門傳授心法，**陳氏曰：卑不失之污賤，高不溺於空虛，蓋真孔門傳授心法。**子思恐其久而差也，故筆之於書，以授孟子。其書始言一理，中散爲萬事，末復合爲一理，「放之，則彌六合；卷之，則退藏於密」。其味無窮，皆實學也。善讀者玩索而有得焉，則終身用之，有不能盡者矣。**《語録》：始合爲一理，指「天命之謂性」言；末復合爲一理，指「無聲無臭」言。始合而開，其開也有漸；末開而合，其合也亦有漸。○「中散爲萬事」，如知、仁、勇許多爲學底道理，與「爲天下國家有九經」，與祭祀鬼神許多事。中間無些子罅隙，句句是實。○饒氏曰：《中庸》當作六大節看：首章是一節，自「君子中庸」以下十章是一節，「君子之道費而隱」以下八章是一節，「哀公問政」以下七章是一節，「大哉聖人之道」以下六章是一節，末章是一節。第一節説「中和」，第二節説「中庸」，第三節説「費」、「隱」，第四節説「誠」，第五節説「大德」、「小德」，第六節復申首章之意。要之，中間却是兩次開闔：自中和而中庸以至費、隱，是放開説；自費、隱而誠，是收斂説；自誠而推至道、至德，又是放之以至於極；自至道、至德而歸之無聲無臭，又是斂之以至於極。○《通》曰：《中庸》，全體大用之書。「首言一理，中散爲萬事」，是由體之一而達於用之殊；「末復合爲一理」，是由用之殊而歸於體之一。「放之，則彌六合」，感而遂通天下之故，心之用也；「卷之，則退藏於密」，寂然不動，心之體也。此乃「孔門傳授心法」，故於心之體用備焉。其用無窮，終身用之不能盡。用如此，體可知矣。

首章

天命之謂性，率性之謂道，修道之謂教。命，猶令也。性，即理也。天以陰陽五行化生萬物，氣以成形，而理亦賦焉，猶命令也。於是人物之生，因各得其所賦之理，以爲健順五常之德，所謂性也。

《語録》：「天命之謂性」，是就人身中指出這箇是天命之性，不雜氣稟而言，是專言理。若云兼言氣，便説「率性之謂道」不去。如，太極不離乎陰陽，而亦不雜乎陰陽也。○仁、義、禮、知，雖尋常昆蟲之類皆有之。如牛之性順，馬之性健，即健順之性；但只稟得來少，不似人稟得來全耳。○陳氏曰：「性，即理也」，何以不謂之理而謂之性？蓋「理」是泛言天地間公共之理，「性」是在我之理。○真氏曰：自昔言性者，曰「五常」而已，朱子乃益之以「健順」。蓋陽之性健，木、火屬焉，在人爲仁、禮；陰之性順，金、水屬焉，在人爲義、智；土則二氣之沖和，性亦兼乎健順。陰陽不在五行之外，健順亦豈在五常之外乎？○東窗李氏曰：仁之油然生意不可遏，禮之粲然明盛不可亂，「健」之爲也；義不拂乎可否之宜，知不外夫是非之别，「順」之爲也。若夫信，則體是理而不易者，「健」也；循是理而無違者，「順」也。○方氏曰：問：「天命之謂性，朱子如何兼人、物言？」曰：「人、物皆只同一箇天原頭，所以聖人盡己性則能盡物性，由其一原也。此是從周子《太極圖説》來，周子以前未有人説到此。」○**《通》**曰：孟子性善之論，自子思此首一句來，然須看開端一「天」字。程子曰：「《中庸》『始言一理』，『末復合爲一理』。」所謂「一理」者，即此一「天」字。又曰，「萬物各具一理，萬理同出一原」。所謂「一原」者，即此一「天」字。按，朱子曰：「《穀梁》言天不以地對。所謂天者，理而已，成湯所謂『上帝降衷』、子思所謂『天命之性』是也。是爲陰陽之本，而其兩端循環不已者，爲之化焉。」又按，致堂胡氏曰：「自賦予而言曰天命，自稟受而言曰天性，自流行不息而言曰天道，自道中條理而言曰天理，自主宰而言曰天心，自偏覆而言曰天體，自晷度而言曰天文，自可推而言曰天數，自甚美而言曰天休，自可法而言曰天則，自感應而言曰天變，自不可犯而言曰天威。宇宙間無有一能外於天者，子思所謂『性』、『道』、『教』，亦無有一不本於『天』者。學者能知此身、此心所自來者皆天也，其學自不能已矣。」

率，循也。道，猶路也。人、物各循其性之自然，則其日用事物之間，莫不各有當行之路，是則所謂道也。《語録》：「『率性之謂道』，非人率之也。伊川解『率』字，只訓『循』。蓋曰循萬物自然之性之謂『道』，此『率』字不是用力字。伊川謂便是『仁者，人也；合而言之，道也』。呂氏説，『以人行道』。若然，則未行之前，便不是道乎？○人與物之性皆同：循人之性，則爲人之道；循牛馬之性，則爲牛馬之道。若不循其性，使馬耕牛馳，則失其性，非牛馬之道矣。○道即性，性即道，固是一物，然須看因甚喚做性，因甚喚做道。○性，是箇渾淪底；道，是箇性中分派條理。○陳氏曰：「率」、「循」，即隨也。「率」字就道上説，非就行道上説。若把做率性而行，是人爲之後方有道，非本然有是道也。○如隨物之性，則牛可耕、馬可乘、雞可司晨、犬可司夜，其所發皆有自然之理。如隨草木之性，則桑麻可衣、穀粟可食，春宜耕、夏宜耘、秋宜獲，凡物皆有自然之理。○真氏曰：《集注》「生之謂性」章，深言人、物之異；此章乃兼人、物而言。「生之謂性」，以氣言；「天命之謂性」，以理言。以氣言，則人、物所稟不同；以理言，則天之所命一而已矣。然則虎狼之搏噬、牛馬之踶觸，則氣稟之所爲，而非天命之本然矣。豈獨物爲然，凡人之爲善者，皆循天命之性也；而爲不善，則發乎氣稟之性矣。以是而觀，則此章兼人、物而言，尚何疑哉？○饒氏曰：「率性之謂道」一語，專爲訓「道」名義。蓋世之言道者，高則入於荒唐，以爲無端倪之可測識，老、莊之論是也；卑則滯於形器，以爲是人力之所安排，告、荀之見是也。是以子思於此，首指其名義以示人，言道者非他，循性之謂也。○《通》曰：《易》曰：「一陰一陽之謂道，繼之者善也，成之者性也。」子思之論，蓋本於此。但《易》先言「道」而後言「性」，此「道」字是統體一太極；子思先言「性」而後言「道」，此「道」字是各具一太極。《章句》本古注「率，循也」。《論語》「足踧踖，如有循」，「循」謂足不離地也。此訓「循」謂道不離性，離性即非道也。後學説此一字，便易涉於人爲。嗚呼，必人爲而後謂之道；不有人爲，獨無道乎？朱子之訓釋如此，而學者往往多誤，不可不察。

修，品節之也。性道雖同，而氣禀或異，故不能無過不及之差，聖人因人、物之所當行者

而品節之，以爲法於天下，則謂之教，若禮、樂、刑、政之屬是也。《語録》：修道之謂教，專就人事上言；然就物上亦有品節。如《周禮》掌獸、掌山澤各有官，周公驅虎、豹、犀、象，「草木零落然後入山林，昆蟲未蟄不以火佃」之類，各有品節。使萬物各得其所，亦所謂「教」也。○黄氏曰：「修道」二字，須自道上及人氣禀上兼看。如，孝是事父之道，然孝之中有多少曲折，人氣禀不同，柔者過於和，剛者過於嚴，則於孝必有不中節者，此禮、樂、刑、政所以著爲品節，使之盡其道也。○潘氏曰：「品節」云者，如「親親之殺，尊賢之等」，隨其厚薄輕重而爲之制，以矯其過不及之偏者也。雖若出於人爲，而實原於性命之正。○《通》曰：《章句》謂「禮、樂、刑、政之屬」，饒氏改云「五典、三物，與夫小學、大學之法」，謂「『刑』、『政』屬政而非教，『禮』、『樂』二字屬教而包括不盡」。妄意「禮」、「樂」二字在「三物」中，説得小，不過禮、樂之文而已，自是「包括不盡」。若曰「天高地下，萬物散殊，而禮制行矣；流而不息，合同而化，而樂興焉」，此「禮」、「樂」二字，天下之理皆該在其中。禮，只是一箇序；樂，只是一箇和。如所謂「五典、三物、小學、大學之法」，此數者一不得其序，則非禮；一不得其和，則非樂矣。若曰「刑、政屬政而非教」，分而言之，則政自是政，教自是教；合而言之，古者刑、政無非教也。曰「禮」、「樂」，又曰「刑」、「政」，本末兼舉，精粗不遺。況曰「禮、樂、刑、政之屬」，所包者廣，恐未易輕改也。況朱子釋「修道」，謂「因人、物所當行者而品節之」，故「禮、樂、刑、政」之教，兼人、物言。饒氏所謂「五典、三物、小學、大學」，可施於人而不可施於物，故不可不辨。

蓋人之所以爲人，道之所以爲道，聖人之所以爲教，原其所自，無一不本於天而備於我。學者知之，則其於學，知所用力而自不能已矣。故子思於此首發明之，讀者宜深體而默識音志也。《語録》：此三句乃天地之大本大根，萬化皆從此出。人若能體察，方見聖賢所説道理，皆從自己胸中流出，不假他求。○方氏曰：子思説箇天命謂性、率性謂道、修道謂教三句，是因甚如此説？只爲人不知軀殼之所從來，其軀殼中有許大物事，不曾識得、體得，故直從天地萬物之大本大原説將來。夫人有此身，便有所以爲人之理與生俱生，乃天之所賦，而非人力所能爲也。所以凡爲人者，皆當講明此理而謹守之，不得昏棄者爲此。○北山陳氏曰：此章蓋《中庸》之綱領，此三句又一章之綱領。聖賢教人，必先使之知所自來，而後有用力之地。此三句蓋與孟子言「性善」同意。○饒氏曰：性、道、教，「道」字重。《中庸》一書，大抵是説「道」。性原於天，而流行於事物則謂之「道」，修此道而教人則謂之「教」，所以下文便説「道也者」。如，「君子之道費而隱」，「大哉聖人之道」，皆是提起「道」字説，以此見重在「道」字。○王氏曰：一篇書皆是言道之體用：第一句，「天」是體，「性」是用；第二句，「性」是體，「道」是用；第三句，「道」是體、「教」是用。《章句》「人之所以爲人」以下，總説大原頭，以「人」字換「性」字，極有力。○《通》曰：《中庸》開端此三語，雖不露出「中」字，天命謂性，即未發之「中」；因率性之道而品節之，即時中之「中」。或疑此二句不必兼人、物言，殊不知自大本大原上說來，大化流行何嘗分是人是物；但其性道雖同，而人與物之氣稟有異，所以有全有偏。人雖同此性道之全，而又自不無氣稟之異，於是有過不及，此所以不可無聖人修道之教。然《章句》始雖兼人、物而言，末則不曰「性之所以爲性」，乃曰「人之所以爲人」，提起一「人」字，殊有深意。蓋「性」、「道」、「教」，名若有異，其所以然者，皆「天」也。天具於人，人即是天，如之何可自棄其天，而自失其所以爲人哉！人能體察乎此，則其於學也，如之何不自用其力哉！

道也者，不可須臾離也，可離非道也。是故君子戒慎乎其所不睹，恐懼乎其所不聞。 離，去聲。

道者，日用事物當行之理，皆性之德而具於心，無物不有，無時不然，所以不可須臾離也。若其可離，則爲外物而非道矣。 《語録》：問：「道不可須臾離，只言我不可離這道，亦還是道有不能離底意思？」曰：「道是不可離底，純説是不能離，不成錯行也是道？」〇王氏曰：提「道也者」三字起，下面分作兩項工夫，朱子看得最密。又曰：《章句》「性之德而具於心」一句，最要看。〇潘氏曰：未發之前固未有人欲之私可言，所以朱子特謂之「外物」。〇陳氏曰：道，是日用事物所當行之路，即率性之謂。而得於天之所命者，而其總會於吾心。大而父子、君臣、夫婦、長幼、朋友，微而起居飲食，蓋「無物不有」。自古及今，流行乎天地間，蓋「無時不然」。〇定宇陳氏曰：「無物不有」，言大；「無時不然」，言久。〇《通》曰：按，饒氏云：「不可須臾離，只是説『無時不然』；至費隱章鳶飛魚躍，方有『無物不有』底意思。《章句》是攙先説了。」竊意此「道」字，必須説從「性」上來：天命之性，無物不有；所以率性之道，無時不然。朱子説「富有日新」，亦云先説「富有」，方始説得「日新」。此與説宇宙相似，先是有這物事了，方始相連相續去。

是以君子之心常存敬畏，雖不見聞，亦不敢忽，所以存天理之本然，而不使離於須臾之頃也。《語録》：戒慎、恐懼，不須説得太重，此只是略略收拾來，便在這裏。伊川所謂「道箇『敬』字，也不大段用得力」。孟子曰「操則存」，「操」字亦不是着力把持。所「不睹」、所「不聞」，不是閉耳合眼時，只是萬事皆未萌芽，自家便先恁地戒慎、恐懼。「不睹」、「不聞」之時，便是喜怒哀樂未發處，常要提起此心在這裏，防於未然，所謂「不見是圖」也。○饒氏曰：君子之心常存敬畏，雖當事物既往、思慮未萌、目無所睹、耳無所聞，暫焉之頃亦不敢忽。「事物既往」，是指前面底説；「思慮未萌」，是指後面底説；「不睹」、「不聞」，正在此二者之間。看上文「道不可須臾離」，則是自所睹以至於所不睹，自所聞以至於所不聞，皆當戒、懼；而此「不睹」、「不聞」，在事物既往之後。看下文「喜怒哀樂未發」，則此「不睹」、「不聞」，又在思慮未萌之前。故須看此二句，方説得上下文意貫串，緊要在「須臾之頃」四字，於此見得子思所以發「須臾」兩字之意。○子思不説未睹未聞，而曰不睹不聞，「不」字與「未」字不同：未睹未聞，是指事未至之前而言；不睹不聞，是指事已往之後而言。指事未至之前而言，是由靜處説向動處去；指事已往之後而言，是由動處説入靜處來。君子於日用應事接物之際，隨處操存，到得事物既往，若無所用其戒懼之心，猶不敢忘，是用工最密處。

《章句》曰：「君子之心常存敬畏，雖不見聞，亦不敢忽。」當觀「常」字、「亦」字，見得動處做工夫，到静時亦不敢忽也。

莫見乎隱，莫顯乎微，故君子慎其獨也。見，音現。

隱，暗處也。微，細事也。獨者，人所不知而己所獨知之地也。言幽暗之中，細微之事，跡雖未形而幾則已動，人雖不知而己獨知之，則是天下之事無有著見明顯而過於此者。

方氏曰：戒、懼，是保守天理；慎獨，是檢防人欲。戒、懼，是統體做功夫；慎獨，是又於萌動處加工夫。其所不睹不聞，「其」字便是指己之不睹聞處。○北山陳氏曰：曰「隱」曰「微」，則此念已萌矣。特人未知，隱而未見，微而未顯耳。然人雖未知而我已知之，則固已甚見而甚顯耳，此正善惡之幾也。○潘氏曰：幽暗之中，細微之事，其是非善惡皆不能逃乎此心之靈，所以當此之時，尤爲昭灼顯著也。若其發之既遠，爲之既力，則在他人「十目所視」、「十手所指」，雖其昭灼，而在我者，心意方注於事爲，精神方運於酬酢，其是非得失反有不自覺者矣。○饒氏曰：此又對上文而言。隱暗之地，雖人之所不睹；微密之事，雖人之所不聞。然其幾既動，則必將呈露於外而不可掩，昭晣於中而不可欺，是道固不可須臾離，而其形見明顯，尤莫有甚於此者。

是以君子既常戒懼，而於此尤加謹焉，所以遏人欲於將萌，而不使其滋長於隱微之中，以至離道之遠也。《語録》：慎獨，是從見聞處至不睹不聞處皆戒謹恐懼，又就其中於獨處更加謹也；是無所不謹，而謹處更加謹也。○「道不可離」，言道之至廣至大者；「莫見乎隱，莫顯乎微」，言道之至精至密者。○「道不可須臾離」，是說不可不存養；「是故」以下，是教人戒懼做存養工夫。「莫見乎隱，莫顯乎微」，是說不可不省察；「故君子」以下，是教人謹獨，察私意起處防之。只看兩「故」字可見。○既言道不可離，只是精粗隱顯之間皆不可離，故言戒懼不睹、不聞以該之。若曰自其思慮未起之時早已戒懼，非謂不戒懼乎所睹所聞，而只戒懼乎不睹、不聞也。此兩句，是結上文「不可須臾離」一節意。下文又提起說無不戒懼之中、隱微之間、念慮之萌不可忽，故又欲於其獨而謹之，又結上文隱微意。○如此分兩節工夫，則「致中和」方有着落，而「天地位」、「萬物育」亦各有歸着。○問：「上節能存天理了，則下面謹獨似多了一截。」曰：「雖是存得天理，臨發時也須點檢，這便是他密處。」○戒懼，是由外言之以盡乎內；謹獨，是由內言之以及乎外。○自所睹所聞以至於不睹不聞，自發於心以至乎見於事，如此方說得「不可須臾離」出。○陳氏曰：雖是平常已嘗戒懼，至此又當十分加謹。纔加謹，則所發便都是善；不加謹，則所發便流於惡去也。○熊氏曰：按，《大學》「誠意」章言慎獨，子思傳授蓋本於此。○饒氏曰：不睹，是意未萌時；不聞，是言未發時。意未萌時，自家亦無所見；言未發時，自家亦無所聞。到意已萌、言已發時，人雖不見而已所獨見，人雖不聞而已所獨聞，故於此必「慎其獨」。以此觀之，不睹不聞與獨睹獨聞，皆是指裏面底說。朱子《敬齋箴》，其說亦然。「防意如城」，是戒懼於意未萌之時；「守口如瓶」，是恐懼於言未發之時。○戒慎恐懼，便是慎獨之慎。詳言之，則曰「戒慎」、「恐懼」；約言之，只是「慎」之一字。○《中庸》言戒懼不睹不聞與慎其獨，《大學》只言慎其獨，不言戒懼不睹不聞。初學之士，且令於動處做工夫。○存、養、省、察是四件：存，謂存其心；養，謂養其性；省，謂省諸身；察，謂察於事。嘗爲之箴，存箴曰：心本至靈，放之則昏，敬以操之，無適不存。養箴曰：性本天賦，在得其養，根本常固，萌蘖漸長。省箴曰：孰無過差，所貴内省，時一警持，邪僞斯屏。察箴曰：在物爲理，處物爲義，精以察之，無俾或戾。○《通》曰：三句重在一「道」字，天命謂性，是道之體；修道謂教，是道之用，所以於此獨提起「道也者」三字。下文却分爲兩節言之：「道也者，不可須臾離」，所以君子必戒慎所不睹、恐懼所不聞。「不睹不聞」四字，正是釋「須臾」二字。人有目豈不睹？有耳豈不聞？不睹不聞，特須臾之頃爾。道也者，「莫見乎隱，莫顯乎微」，所以君子必「慎其獨」。此一「獨」字，正是説上文「隱」、「微」二字。隱、微，却是人之所不睹不聞，而我所獨睹獨聞之時之處也。《章句》於《大學》「慎獨」曰「審其幾」，此曰「幾則已動」，一「幾」字是喫緊爲人處。上文曰「君子之心常存敬畏」，一「敬」字是教人用工夫處：戒懼不睹不聞，是幾未動而敬；慎獨，則幾已動而敬也。曰「常存敬畏，雖不見聞，亦不敢忽」，當看「常」字與「亦」字；曰「君子既常戒懼，而於此尤加謹焉」，當看「常」字與「尤」字；「存天理之本然，遏人欲於將萌」，當看「存」字與「遏」字，然皆不離乎「敬」而已。大抵君子之心常存此敬，不睹不聞時亦敬，獨時尤敬。所以未發時，渾是本然之天理，此敬足以存之；才發時，便有將萌之人欲，此敬足以遏之也。朱子《敬齋箴》與此無不合：戒懼，是靜而敬；慎獨，是動而敬。戒懼，是惟恐須臾之有間；慎獨，是惟恐毫釐之有差。

喜怒哀樂之未發，謂之中；發而皆中節，謂之和。中也者，天下之大本也；和也者，天下之達道也。樂，音洛。中節之中，去聲。

喜、怒、哀、樂，情也。其未發，則性也，無所偏倚，故謂之中。發皆中節，情之正也，無所乖戾，故謂之和。大本者，天命之性，天下之理皆由此出，道之體也。達道者，循性之謂，天下古今之所共由，道之用也。此言性、情之德，以明道不可離之意。《語録》：「喜怒哀樂未發」，如處室中，東西南北未有定向，不偏於一方，只在中間，所謂「中」也；及其既發，如已出門，東者不能復西，南者不能復北，然各因其事，無所乖逆，所謂「和」也。○問：「蘇季明問伊川：『喜怒哀樂之前，下静字？下動字？』伊川曰：『謂之静則可，静中須有物始得。』」先生曰：「静中有物者，只是知覺便是。」又問：「伊川却云：『纔説知覺便是動。』」曰：「今未曾知覺甚事，但有知覺在，何嫌其爲静？不成静坐只瞌睡。」○如喜而中節，便是倚於喜矣；但在喜之中無過不及，故謂之和。○未發，性也；已發，情也，子思欲學者於此識得心也。心也者，其妙「性、情之德」也歟。○陳氏曰：節者，限制也，其人情之凖的乎？只是得其當然之理，無些過不及，與是理不相咈戾，故名之曰「和」。○袁氏曰：喜怒哀樂未發，則渾然在中；及發，則有中節、有不中節，而惟「中節」者爲「和」。○饒氏曰：四者件件中節，方可謂之「和」。譬之四時，春温而夏熱，秋凉而冬寒，方可謂之「和」；三時得宜，一時失宜，亦不得謂之和矣。節，如竹節之節，限止之義也。喜怒哀樂之發，患其過，不患其不及，故以節言之。○王氏曰：「中節」二字，便代了「無過不及」四字。○《通》曰：上文説君子主敬之功，見人心之於道不可離；此説在人「性、情之德」，又見道之在人心本不可離。自堯、舜以至夫子，所謂「中」者，只説已發之中；而子思獨提起未發之中言之，是謂人之本心。如文王、周公，皆説畫後之易；而夫子曰「易有太極」，則畫前元有之易也。大哉斯言！真足以發千古之秘矣。發而中節之和，即是無過不及之中，故周子曰：「中也者，和也，中節也，天下之達道也。」達道，即前所謂率性之道。前言率性之道，必自天命上説來；此言達道，必自大本説來。體用一源，非知道者孰能識之！

致中和，天地位焉，萬物育焉。

致，推而極之也。《語録》：致者，推至其極之謂。凡言致者，皆是此意。**位者，安其所也。育者，遂其生也。自戒懼而約之，以至於至静之中無少偏倚，而其守不失，則極其中而天地位矣。自謹獨而精之，以至於應物之處無少差謬，而無適不然，則極其和而萬物育矣。**黄氏曰：《章句》「無少偏倚」、「無少差謬」，是横致一致；「其守不失」、「無適不然」，是直致一致。横致，如一箇物打迸了四圍，恁地潔淨相似；直致，則是今日如此潔淨，後日亦如此，以至無頃刻不如此。○新定顧氏曰：天地定位，萬物並育，亦唯本於此「中」，達於此「和」。故非此中、非此和，天地無由而位，萬物無由而育，奚以知其然邪？天地之所自出，萬物之所自來，惟此「中」也；天地之所以順動，萬物之所以化生，惟此「和」也。故舍「中和」，則無以爲天地萬物矣。惟「中和」之極至乃至於此，學者可不從事於此邪？○饒氏曰：「致中和」而能使「天地位」、「萬物育」者，是有此理也。然其所居之位有高下，則其力之所極有廣狹。如爲一家之主，則能使一家之天地位、萬物育；爲一國之主，則能使一國之天地位、萬物育；爲天下之主，則能使天地位、萬物育。父父、子子、兄兄、弟弟、夫夫、婦婦，此一家之天地位也；妻、子、臣、妾，人人各得其所，此一家之萬物育也。一國亦然，極其至於天下，然後天地位、萬物育，始充其量。譬如一日復禮，天下歸仁。使其如湯之有七十里，文王之有百里，則其朝諸侯有天下也必矣。顔子居陋巷，何緣能使天下歸之？然當時同門之人，心悦誠服；萬世之下，皆崇仰之，非天下歸仁而何？又如夫子，在當時雖不見位育極功，然其道明於萬世，能使三綱五常終古不墜，是即位、育之極功也。○《通》曰：《章句》「精之」、「約之」四字，只是釋一「致」字：約之，則存養之功益密；精之，則省察之功益嚴。至静之中無少偏倚，已是約之之至，而其守不失，所以約之者愈至；應物之處無少差謬，已是精之之至，而無適不然，所以精之者愈至，此之謂中和之致也。

蓋天地萬物，本吾一體，吾之心正，則天地之心亦正矣；吾之氣順，則天地之氣亦順矣，故其效驗至於如此。此學問之極功、聖人之能事，初非有待於外，而修道之教亦在其中矣。《語録》：尊卑上下之大分，即吾心之天地也；應變曲折之萬端，即吾身之萬物也。○真氏曰：致中和，自然天地位、萬物育。如箕子《洪範》所謂「肅、乂、哲、謀、聖」，而「雨、暘、燠、寒、風」應之；董仲舒所謂「人君正心以正朝廷、正百官、正萬民」，則「陰陽和、風雨時」，諸福百物莫不畢至，皆是此理。○王氏曰：形聲氣和之應，漢儒亦有此説，而不知其本同一體也。○《通》曰：或疑致吾之中，如何天地便位？致吾之和，如何萬物便育？蓋不知「天地萬物，本吾一體」故也。朱子此八字，是從天命之性説來，性一而已，天地萬物與吾有二乎哉？

是其一體一用雖有動靜之殊，然必其體立，而後用有以行，則其實亦非有兩事也。故於此合而言之，以結上文之意。王氏曰：體立用行，轉一語甚力，「有以」字意深。○《通》曰：「中和」二字，雖有體用、動靜之殊；然深觀其所從來，則天地所以位、萬物所以育，有不得而析者，故朱子於此又合而言之曰：「必其體立，而後用有以行，亦非有兩事也。」《中庸》一書，本只言率性之道，而必推原天命之性；本只言時中之中，而必推原未發之中，皆謂「體立而後用有以行」也。嗚呼！天地未嘗不位也，萬物未嘗不育也，人之心本未嘗不中也。體用一原，非知道者孰能識之？

右第一章。子思述所傳之意以立言：首明道之本原出於天而不可易，其實體備於已而不可離，次言存養省察之要，終言聖神功化之極。蓋欲學者於此反求諸身而自得之，以去夫外誘之私，而充其本然之善，楊氏所謂一篇之體要是也。其下十

章，蓋子思引夫子之言，以終此章之義。【《通》曰】：本然之善，是天命之性；外誘之私，非率性之道。存養，是存本然之善；省察，是防外誘之私。至於能去夫外誘之私，而充其本然之善，不過能復夫天命之性而已。《中庸》約之凡六大節，此爲第一節。

二章

仲尼曰：「君子中庸，小人反中庸。

中庸者，不偏不倚、無過不及而平常之理，乃天命所當然，精微之極致也。唯君子爲能體之，小人反是。陳氏曰：「中庸」只一箇道理，所以不析開說。○饒氏曰：中庸者，道之準的。古今聖賢所傳，只是此理；子思之作此書，亦只爲發明此二字。首章「中和」，特推其所自來耳。○《通》曰：第二章以下十章，皆述夫子之說；獨此章與第三十章，揭「仲尼」二字。仲尼曰，仲尼之言也；所言者，中庸也。「仲尼祖述堯、舜」以下，仲尼之行也；所行者，皆中庸也。中和之論發於子思，中庸之論本於仲尼；然發而中節之和，即是時中之中。子思「中和」二字，亦只是說仲尼一「中」字，故曰「中庸之中，兼中和之義」。而《章句》必先曰「無偏無倚」，而後曰「無過不及」，可謂精矣。

君子之中庸也，君子而時中；小人之中庸也，小人而無忌憚也。」

王肅本作「小人之反中庸也」，程子亦以爲然。今從之。○君子之所以爲中庸者，以其有君子之德，而又能隨時以處中也。小人之所以反中庸者，以其有小人之心，而又無所

忌憚也。蓋中無定體，隨時而在，是乃平常之理也。君子知其在我，故能戒謹不睹、恐懼不聞，而無時不中。小人不知有此，則肆欲妄行，而無所忌憚矣。《語録》：爲善者，君子之德；爲惡者，小人之心。君子而處不得中者有之，小人而不至於無忌憚者亦有之。惟其「反中庸」，則方見其「無忌憚」也。○當看「而」字，既是君子，又要時中；既是小人，又無忌憚。○黄氏曰：「而又能」三字，而今看極是得力。○饒氏曰：此章云「君子之中庸也，君子而時中」，後章又説「用中」，言「中」而不及「庸」，何也？蓋「庸」不在「中」之外，惟其隨時取中，所以可常行而不可易。此兩句君子、小人互説：君子説時中，便見小人不時中；小人説無忌憚，便見君子有忌憚。○《通》曰：《章句》於首章曰「性之德」，此曰「君子之德」，蓋所以爲君子之德者，不過能存其性之德而已。君子而時中者，未發時戒慎恐懼，已是有君子之德；及其發也，又能隨時以取中。小人者，終日膠膠擾擾，政自不見其有未發時，此心已是小人之心，而又肆無忌憚。戒慎恐懼，是君子畏天命；無忌憚，是小人不知天命而不畏。《章句》所謂「在我者」，即首章所謂「無一不本於天而備於我」者；「君子知其在我者，戒慎恐懼而無時不中」，即首章所謂「學者知此，則其用力自不能已也」。觀《章句》於此兩章無異意，可見子思之意與夫子本無異也。

右第二章。

此下十章，皆論中庸以釋首章之義。文雖不屬，而意實相承也。變「和」言「庸」

者，游氏曰「以性情言之，則曰中和；以德行言之，則曰中庸」是也。然中庸之中，實兼中和之義。黄氏曰：性情天生底，德行人做底。性情，人人一般；德行，人人不同。○

《通》曰：此説中庸，分君子、小人；首章説中和，只歸之君子。蓋君子有主敬之功，故能因其性情之自然者推而極之；小人無主敬之功，故德行惟君子爲能，小人則反是。

三章

子曰：「中庸其至矣乎！民鮮能久矣！」鮮，上聲；下同。

過則失中，不及則未至，故惟中庸之德爲至。然亦人所同得，初無難事，但世教衰，民不興行，故鮮能之，今已久矣。《論語》無「能」字。《語録》：「民鮮能久」，緣下文有「不能期月守」之説，故説者皆以爲「久於其道」之「久」。細考兩章，相去甚遠，自不相蒙，亦只合依《論語》説。○仁壽李氏曰：有周之末，先王之跡未遠，聖人猶有「久矣」之歎，況後聖人又千百年者乎？雖然，自物則言之，則過與不及，皆不可以言「至」；自末世言之，則過乎則者少，不及乎則者多。學者試以事君之敬、事父之孝、與人交之信，反己而自省焉，則其「至」與否可見矣。○江陵項氏曰：民鮮能久矣，言人之不能知、不能行也。下章曰「道之不行」，言非不能行，由於不能知也；「道之不明」，言非不能知，由於不能行也。○饒氏曰：此章明中庸之道，非特小人反之，而衆人亦鮮能之，以起下章之意。○《通》曰：此章比《論語》，去「之爲德也」四字，添一「能」字。《章句》謂世教衰，所以「民鮮能」。饒氏謂民氣質自偏，故「鮮能」。愚謂氣之偏，故不能知；質之偏，故不能行；世教又衰，無以矯其氣質之偏，使之能知能行。然子思引《論語》之言添一「能」字，須看下章許多「能」字，方見子思之意。「鮮能知味」，是不能知者；「不能期月守」，是不能行者。「中庸不可能」，言非義精仁熟者，不能知、不能行；「惟聖者能之」，是專言聖人知之盡、仁之至，故獨能知、能行。至於「人一能之，己百之；人十能之，己千之。果能此道矣，雖愚必明，雖柔必强」，是愚者本不能知，能百倍其功則能知；柔者本不能行，能百倍其功則能行。後面「至誠能盡其性」，是能知之盡、能行之至。「唯至聖爲能聰明睿知」，是能知；「能寬裕温柔」以下，是能行。「惟至誠爲能經綸天下之大經」，是能行；「非聰明聖知達天德者，孰能知之」，又説能知。看許多「能」字，則子思此章添一「能」字，固有旨哉。

右第三章。

四章

子曰：「道之不行也，我知之矣，知者過之，愚者不及也；道之不明也，我知之矣，賢者過之，不肖者不及也。知者之知，去聲。

道者，天理之當然，中而已矣。《通》曰：只是一「道」字：首章釋「道也者」，曰「道者，事物當然之理，皆性之德而具於心」，爲下文「不可須臾離」而言也；此章釋「道」字，曰「道者，天理之當然，中而已矣」，爲下文「過不及」而言也。然事物當然之理，即是天理之當然；性之德而具於心，亦中而已矣。特具於心者，是無偏無倚之中，此是無過不及之中。《章句》錙銖不差也。

知、愚、賢、不肖之過不及，則生稟之異而失其中也。知者知之過，既以道爲不足行；愚者不及知，又不知所以行，此道之所以常不行也。賢者行之過，既以道爲不足知；不肖者不及行，又不求所以知，此道之所以常不明也。北山陳氏曰：世之高明洞達、識見絶人者，其持論常高，其視薄物細故若將浼焉，則必不屑爲中庸之行。如老、佛之徒，本知者也，求以達理而反滅人類，非「過」乎？至於昏迷淺陋之人，則又蔽於一曲而暗於大理，是又「不及」矣。二者皆不能「行道」。世之刻意厲行、勇於有爲者，其操行常高，其視流俗污世若將浼焉，則必不復求知於中庸之理。如晨門荷蓧之徒，本賢者也，果於潔身而反亂大倫，非「過」乎？至於闒茸卑污之人，則又安於故常而溺於物欲，是又「不及」矣。二者皆不能「明道」。○饒氏曰：此章專以「過」、「不及」爲言，似言「中」而不及「庸」，蓋中即所以爲庸，非有二也。或問：「愚者不及知此中，不肖者不及行此中；『費隱』章又云，『夫婦之愚不肖，可以與知能行』，何也？」曰：「彼以夫婦一事言，此以道之全體言。」問：「賢合屬行，知合屬明，而夫子却交互説者，何故？」曰：「如此則人皆曉得，夫子何以曰『我知之矣』？緣天下人都不知，此夫子所以有此歎。行，不是説人去行道，是説道自流行於天下；明，不是説人自知此道，是説道自著明於天下。人多差看了，須要見得知行相因。」○黄氏曰：賢與知，人品之高者也；一有過焉，亦無異於愚、不肖矣。聖賢衛道之嚴，所以勉夫人以大中之道者此也。○新安王氏曰：自世俗觀之，過疑勝於不及；自道言之，其不合於中庸則一。子路過於勇，子貢過於辨，子張過於莊，至於曾晳、牧皮之狂，往往皆失之過。夫子每每抑之，欲其反而就中也。○

《通》曰：道至中而止，纔過之，便不是中，便易流於異端。程子曰：「道不行，百世無善治；學不傳，千載無真儒。」子思此章，分道之不行、不明。而下章即舜之知，言道之所以行；即回之賢，言道之所以明，即此意也。道不明，則學不傳，故朱子曰：「《中庸》一書，子思憂道學之失其傳而作也。」兼後面欲説知、仁、勇，此章又爲此三者發端而言：知者知之過，以道爲不足行，不仁也；賢者行之過，以道爲不足知，不知也；愚、不肖者安於不及，不能勉而進，不勇也。

人莫不飲食也，鮮能知味也。」

道不可離，人自不察，是以有過不及之弊。《語録》：飲食，譬日用；味，譬理。○《通》曰：前分兩股，互言知行；此獨曰「鮮能知」。蓋道貴乎能知、能行，然能行又未有不先於能知者也。

右第四章。

五章

子曰：「道其不行矣夫！」夫，音扶。

由不明，故不行。陳氏曰：人之所以不能行道者，以其不能知道也。

右第五章。

此章承上章而舉其不行之端，以起下章之意。《通》曰：前章「民鮮能」，是兼知行言；「鮮能知味」，專指知而言。故此章承上文而言，曰「道其不行矣」，夫又專指行而言。

六章

子曰：「舜其大知也與！舜好問而好察邇言，隱惡而揚善，執其兩端，用其中於民，其斯以爲舜乎！」知，去聲。與，平聲。好，去聲。

舜之所以爲大知者，以其不自用而取諸人也。邇言者，淺近之言，猶必察焉，其無遺善可知。《語録》：舜本自知，又能合天下之知爲一人之知，而不自用其知，此其知之所以愈大也。若只據一己所有，便有窮盡。○「邇言，淺近之言」，猶所謂尋常言語。人之所忽，而舜好察之，非洞見道體無精粗差別不能然也。孟子曰「自耕稼陶漁，以至爲帝，無非取諸人者」，又曰「聞一善言，見一善行，若決江河，沛然莫之能禦」，此皆「好察邇言」之實也。伊川先生曰：「造道深後，雖聞常人言語、至淺近事，莫非義理。」

然於其言之未善者則隱而不宣，其善者則播而不匿，其廣大光明又如此，則人孰不樂告以善哉？《語録》：言之善者，播揚之；不善者，隱而不宣，則善者愈樂告以善，而不善者亦無所愧而不惜言也。其求善之心，廣大光明如此，人安得不盡以其言來告，而吾亦安有不盡聞之言乎？

兩端，謂衆論不同之極致。蓋凡物皆有兩端，如小大、厚薄之類。於善之中又執其兩

端，而量度徒洛反**以取中，然後用之，則其擇之審而行之至矣。然非在我之權度精切不差，何以與**去聲**此？此知之所以無過不及，而道之所以行也。**《語録》：問：「『擇』字，舜分上莫使不得否？」曰：「好問好察，執其兩端，豈不是擇？聖人生知、安行，只是行得較容易。」○兩端，只是起、止二字，猶云起這頭至那頭也。自極厚以至極薄、極大以至極小、極重以至極輕，於厚薄、大小、輕重之中，擇其説之是者而用之，乃所謂「中」。若但以極厚極薄爲兩端，而中摺其中間以爲中，則是「子莫執中」而已，中間如何見得是「中」？蓋極厚者説得是，則用極厚之説；極薄之説是，則用極薄之説；厚薄之中是，則用厚薄之中之説。至於輕重、小大，莫不皆然。蓋惟其説之是者用之，不是察其兩端不用，而但取兩端之中者用之也。若去其兩頭，而只取中間，則或這頭重、那頭輕，這頭偏多、那頭偏少，是乃所謂不中矣。或曰：「孔子所謂『兩端』，與此同否？」曰：「『竭其兩端』，是自精至粗、自大至小、自上至下，都與他説，無一毫之不盡；『舜之執兩端』，是取之於人者，自精至粗、自大至小，總括以盡，無一善之或遺。」又問：「所謂衆論不同，都是善一邊底？」曰：「惡底已自隱而不宣了。」○葉氏曰：兩端，非如世俗説「是非」兩端、「善惡」兩端之謂，乃是事已是而不非，事已善而非惡，已皆當爲之事。自斯道之不明，往往以是非、善惡爲兩端而執其中，則半是半非、半善半惡之論興：君子不必爲十分君子，小人不必爲十分小人，苟且酌中之習，乃鄉原賊德之尤也，可不辨哉！○饒氏曰：「執」是執其言，「用」亦是用其言也。執其兩端，則有以見其寬弘博大，兼總衆善而無遺；用其中，則有以見其精密詳審，極於至當而無偏，此所以異於他人也。○《通》曰：

知、仁、勇，學者入德之事。下章回之仁、子路之勇，皆學者事；大舜之知，自是聖人事，姑借以爲言耳。故《章句》於回與由，則曰「擇」、曰「守」；於舜則曰「擇之審而行之至」，不以「守」言也。然此章政是學者用力之始，政當以聖人自期。況舜之所謂「大知」者，不過取諸人以爲善爾。方其有取於衆人之言也，不主一人而惟擇其善者揚之；及其有取於衆言之善也，又不主一說而惟擇其合乎中者而用之。執兩端，是不主於一；用中，是卒用其一。「擇之審」，舜之「精」也；「行之至」，舜之「一」也，此所以爲舜之「中」也。顏淵曰：「舜何人也？予何人也？有爲者亦若是。」此章言舜，而下章言回，學者政好將顏淵之語通看此二章。

右第六章。

七章

子曰：「人皆曰『予知』，驅而納諸罟擭陷阱之中，而莫之知辟也。人皆曰『予知』，擇乎中庸而不能期月守也。」予知之知，去聲。罟，音古。擭，胡化反。阱，才性反。辟、避同。期，居之反。

罟，網也；擭，機檻也；陷阱，坑坎也，皆所以掩取禽獸者也。擇乎中庸，辨別衆理，以求所謂中庸，即上章「好問」、「用中」之事也。期月，匝一月也。言知禍而不知辟，以況能擇而不能守，皆不得爲知也。葉氏曰：罟、擭、陷阱，人皆知其爲掩捕而設，而不能避之，此殆借此以興起能擇中庸，而不能不變於旬月之後者也。○仁壽李氏曰：此因上章之「大知」，而言衆人之不知也。中，不可不擇，又不可不守；擇而不守，終非己物。既能擇之，又能守之，然後可以言知。夫子嘗因仁以言知矣，「擇不處仁，焉得知」，擇而不處謂之知，不可矣；孟子嘗因仁義以言知矣，曰「知之實，知斯二者弗去是也」，知而去之謂之知，不可也。夫子之所謂「處」，孟子之所謂「弗去」，中庸之所謂「守」，其義一也。○饒氏曰：知屬貞。貞者，正而固。「正」、「固」二字，方訓得「貞」字。知得雖是正了，仍舊要固守，所以説「貞者，事之幹」。又曰：「分而言之，則知能擇，仁能守；合而言之，則擇固謂之知，然能擇而不能守，亦不得謂之知。」此章雖引起下章仁能守之説，然仍舊重在「知」字。

右第七章。

承上章「大知」而言，又舉不明之端，以起下章也。

《通》曰：上章言舜本自大知，不自以爲知而卒成其知；此章言人本自不知，自以爲知而卒成不知。此兩「人」字，蓋借知禍而不知避之人，以況能擇而不能守之人也。上章舜聖人，下章回賢人；此章兩「人」字，衆人也。上章舜能擇爲「知」，下章回能守爲「仁」，此章結上章之所謂知，起下章之所謂仁。

八章

子曰：「回之爲人也，擇乎中庸，得一善，則拳拳服膺而勿[一]失之矣。」

回，孔子弟子顔淵名。拳拳，奉持之貌。服，猶著也。膺，胸也。奉持而著之心胸之間，言能守也。顔子蓋真知之，故能擇能守如此，此行之所以無過不及，而道之所以明也。

永嘉陳氏曰：回擇乎中庸，能體認之也。體認得分明，則得其固有之善，如失其故物而得之。敬而守之，如恐不及，肯失之乎？○饒氏曰：拳拳服膺而不失，每得一善，則着之心胸之間而不失。不是只守一善，亦不是着意去守這一善。○《通》曰：擇乎中庸，一也。擇而不能期月守，所謂「日月至焉」者也；擇而得之，服膺弗失，「其心三月不違仁」矣。日有所得，則善愈積而愈多；得之不失，則善愈存而愈熟。舜達而在上，擇乎中庸而用之民，聖人之道所以行也；顔淵窮而在下，擇乎中庸而不失於己，聖人之學所以傳也。子思以回繼舜之後，其意深矣。

右第八章。

[一] 「勿」，今本作「弗」。

九章

子曰：「天下國家可均也，爵禄可辭也，白刃可蹈也，中庸不可能也。」

均，平治也。三者亦知、仁、勇之事，天下之至難也，然不必其合於中庸，則質之近似者皆能以力爲之。若中庸，則雖不必皆如三者之難，然非義精仁熟，而無一豪[一]**人欲之私者，不能及也。三者難而易，中庸易而難，此民之所以鮮能也。**

方氏曰：中庸便只在三事上，非别有一箇道理在三事之外，只三者做得合義中節，便是中庸。○長樂陳氏曰：天下國家可均，此知者能之，第恐作聰明而非中庸耳；爵禄可辭，此廉者能之，第恐務沽激而非中庸耳；白刃可蹈，此勇者能之，第恐輕死生而非中庸耳。○《通》曰：即《論語》中，如管仲一匡天下，「天下國家可均也」；如晨門荷蓧之徒，「爵禄可辭也」；如召忽死於公子糾之難，「白刃可蹈也」。然夫子則以爲民鮮能於中庸久矣，蓋深歎夫「中庸之不可能」也。中庸雖若不可能，亦不過平常之理，人自鮮能知味，人自不能期月守，故曰「惟聖者能之」。饒氏謂《章句》言「義精仁熟」，似欠「勇」字意。竊謂「擇

[一] 「豪」，《四庫》本作「毫」。「通志堂」本與《薈要》本皆誤。

之審」者，義精也；「行之至」者，仁熟也，不賴勇而裕如者也。學者於義必精之，於仁必熟之，便是知、仁中之勇。故《章句》於此章釋「中庸之不可能」，曰「非義精仁熟，無一毫人欲之私者，不能及」；於下章言勇處，則曰「此則所謂中庸之不可能者，非有以自勝其人欲之私者，不能擇而守之」。反覆細玩，朱子之意可見矣。《章句》一本曰，「然皆倚於一偏，故資之近而力能勉者，皆足以能之」；一本曰，「然不必其合於中庸，則質之近似者，皆能以力爲之」。蓋曰「倚於一偏」，則就三者之事上說；曰「不必其合於中庸」，則就人行此三者之事上說，後本是改本分曉。

右第九章。

亦承上章以起下章。

十章

子路問强。

子路，孔子弟子仲由也。子路好勇，故問强。

子曰：「南方之强與？北方之强與？抑而强與？與，平聲。

抑，語辭。而，汝也。新安王氏曰：夫子常患不得中行而與之，師堂堂、曾晳嘐嘐、子路行行，皆不合乎中庸。夫子於門人，一言一藥。如子路者，嘗以「好勇過我」儆之，以「兼人」抑之，以「不得其死」戒之，以「死而無悔」責之。然其習氣融釋不盡，以强爲問，則行行之勇猶在也，夫子是以設三端問之。

寬柔以教，不報無道，南方之强也，君子居之。

寬柔以教，謂含容巽順以誨人之不及也。不報無道，謂横逆之來，直受之而不報也。南方風氣柔弱，故以含忍之力勝人爲强，君子之道也。《語録》：此雖未是義理之强，然亦是箇好人，故爲君子之事。○北山陳氏曰：既曰「寬柔」矣，何强之云？蓋守其氣質而不變，是亦强也。

○《通》曰：此「君子」是泛説，下文「君子和而不流」是説成德。如《論語》首章「不亦君子乎」，是說成德；與後章「君子不重則不威」，又是泛說。

衽金革，死而不厭，北方之强也，而强者居之。

衽，席也。金，戈兵之屬。革，甲冑之屬。北方風氣剛勁，故以果敢之力勝人爲强，强者之事也。北山陳氏曰：卧席曰衽。○倪氏曰：衽，衣衽也。金，鐵也。革，皮也。聯鐵爲鎧甲，被之於身如衣衿然，故曰衽。○饒氏曰：陽剛陰柔，理之常也，南方風氣反柔弱，北方風氣反剛勁者，陽體剛而用柔，陰體柔而用剛。如坤至柔而動也剛，便見得陰體柔而用剛；陽亦然。才説風氣，便是用了。蓋陽主發生，故其用柔；陰主肅殺，故其用剛。○《通》曰：南方[一]之强，固皆非中，然以含忍勝人爲强，猶不失爲君子之道；以果敢勝人，不過爲强者之事。「道」與「事」二字，自有重輕。然南方豈無果敢者，北方豈無能含忍者，亦不過舉風氣之大概而言爾。要之，氣質之用小，學問之功大。南北之强，氣質之偏也；下文四者之强，學問之正也。

故君子和而不流，强哉矯！中立而不倚，强哉矯！國有道，不變塞焉，强哉矯！國無道，至死不變，强哉矯！」

此四者，汝之所當强也。矯，强貌，《詩》曰「矯矯虎臣」是也。倚，偏著也。塞，未達也。

[一] 「南方」，據下文「固皆非中」，疑「南北」之誤也。

國有道，不變未達之所守；國無道，不變平生之所守也。此則所謂中庸之不可能者，非有以自勝其人欲之私，不能擇而守也。君子之强，孰大於是？夫子以是告子路者，所以抑其血氣之剛，而進之以德義之勇也。《語録》：和便易流，若是中便自不倚，何必又説不倚？蓋柔弱底中，立則必欹側；若能中立不倚，方見硬健。○和而不流，是下惠；中立而不倚，是夷、齊。文王善養老，他便來歸；武王伐紂，他又不從而去，此便見他中立而不倚處。○問：「此四者勇之事，必如此乃能擇中庸而守之乎？」曰：「此乃能擇後工夫。大知之人，無俟乎守，只是安行。賢者能擇能守，無俟乎强勇。至此様資質人，則能擇能守後，須用如此自勝，方能徹首徹尾不失。」○仁壽李氏曰：凡人和而無節，或至於同流而合污，惟强者爲能和而不徇乎物。中者，本無所倚，或至於力弱而易撓，惟强者爲能獨立而不懼。國有道而富貴，或不能不改其平日之素，惟强者不變於此身之通塞。國無道而貧賤，或不能久安乎義命之常，惟强者終身不見是而無悶。此非有弘毅之力、堅決之見，篤信天理、克盡己私，豈能守是四者而勿失？然則所謂中庸之不可能者，此也。○饒氏曰：四者亦有次第，一件難似一件。中立而不倚，難於和而不流；「國有道，不變塞」，又難於上二者；「國無道，至死不變」，即所謂遯世不見知而不悔，惟聖者能之，此是最難處。○永康陳氏曰：君子之强，即曾子之大勇、孟子浩然之氣。矯，有卓立氣象。孟子所謂「至大至剛」，蓋有見乎此。○新安王氏曰：子路爲人，初無中和氣象，故夫子以中和言之。○《通》曰：第一章自天命率性説，中和二字説得大；此就人之氣質説，中和二字説得小。「流」字、「倚」字、「變」字，皆與「强」字相反。不流、不倚、不變，三「不」字分明有骨力，是之謂自强。○饒氏曰：南北之强是要勝人，君子之强是要自勝其氣質之偏。○《通》曰：南北以勝人爲强，其强也，囿於風氣之中；君子以自勝爲强，其强也，純乎義理而出乎風氣之外。此變化氣質之功所以爲大，而非禮弗履所以爲大者之壯也。

右第十章。

十一章

子曰：「素隱行怪，後世有述焉，吾弗爲之矣。

素，按《漢書》當作索，蓋字之誤也。索隱行怪，言深求隱僻之理，而過爲詭異之行也。然以其足以欺世而盜名，故後世或有稱述之者。此知之過而不擇乎善，行之過而不用其中，不當强而强者也，聖人豈爲之哉！《語録》：索隱，是知者過之；行怪，是賢者過之。○隱僻之理，如戰國鄒衍推五德之事、後漢讖緯之書便是。○北山陳氏曰：詭異之行，如荀子所謂「苟難」者，於陵仲子、申徒狄、尾生之徒是也。

君子遵道而行，半塗而廢，吾弗能已矣。

遵道而行，則能擇乎善矣；半塗而廢，則力之不足也。此其知雖足以及之，而行有不逮，當强而不强者也。已，止也。聖人於此，非勉焉而不敢廢，蓋至誠無息，自有所不能止也。《語録》：「半塗而廢」，只爲他知處不親切，故守得不曾安穩，所以半塗而廢。若大知之人，一下知了，千了萬當。所謂「吾弗能已」者，只是見到了，自住不得耳。○饒氏曰：此知足以擇乎中庸，而仁不足以守之，蓋君子而未仁者也。○《通》曰：此章兩「君子」與上章同，此「君子」亦是泛說；下文「君子依乎中庸」，方是説成德。

君子依乎中庸，遯世不見知而不悔，惟聖者能之。」

不爲索隱行怪，則依乎中庸而已。不能半塗而廢，是以遯世不見知而不悔也。此中庸之成德，知之盡、仁之至、不賴勇而裕如者，正吾夫子之事，而猶不自居也。故曰「惟聖者能之」而已。《語録》：此兩句結上文兩節意：「依乎中庸」，便是「吾弗爲之」意；「遯世不見知而不悔」，便是「吾弗能已」之意。○蔡氏曰：此再辨知、仁、勇而總結之。索隱之知，非君子之知；行怪之行，非君子之仁；半塗而廢，非君子之勇。君子之知、仁、勇，則「依乎中庸，遯世不見知而不悔」者是也。○林氏曰：觀夫子以「隱居放言」爲「我則異於是」，則知「吾弗爲之」；以「今汝畫」責冉求，則知「吾弗能已」之説。○《通》曰：第五章爲知、仁、勇開端，則言知者、賢者之過，愚者、不肖者之不及；此章結之，則言聖者之中庸：首尾相應如此。兼之前此説「鮮能」、「不能」、「不可能」，此則結之曰「惟聖者能之」，又以見中庸非終不可能也。夫子弗爲於彼，便自弗能已於此，即此弗能已處，便見非夫子不能。夫子自是聖人，故不以聖人之能自居；學者未至於聖人，不可不以聖人之能自期。「人不知而不慍」，而夫子曰「不亦君子乎」；「遯世不見知而不悔」，而夫子曰「惟聖者能之」：於此互看，當有得也。

右第十一章。

子思所引夫子之言，以明首章之義者止此。蓋此篇大旨，以知、仁、勇三達德爲入道之門。故於篇首，即以大舜、顔淵、子路之事明之。舜，知也；顔淵，仁也；子路，勇也：三者廢其一，則無以造道而成德矣。餘見第二十章。饒氏曰：首章原天命之性以立言，以性無不善、無不中也；次章而下，則以君子小人、知愚、賢不肖、南方北方相形言之，以氣質有善有不善、有中有不中也。惟性無不善、無不中，故前言戒懼、慎獨者，所以使人涵養其本然之性情；惟氣質有善有不善、有中有不中，故後言擇守、强矯者，所以使人變化其未純之氣質。知、仁、勇三者，行乎存養省察之中，則氣質之偏不能爲之累，而一動一静之間始無適而不得其性情之正矣。○《通》曰：自第二章至此，大要欲人由知、仁、勇以合乎中：知，則能知此中；仁，則能體此中；勇，則能勉而進於此中。然夫子於舜之知，讚之也；於回之仁，許之也；於由之勇，抑而進之也。即此三章觀之，夫子之言，自無有不合乎中者，學者所當深體而默識也。自第二章至此章，爲第二大節。

中庸卷上

中庸中

朱子章句

後學　胡炳文　通

十二章

君子之道費而隱。費，符味反。

費，用之廣也。隱，體之微也。《語録》：道者，兼體用、該費隱而言也。○饒氏曰：前面許多説話，都是説「費」。如此則似乎人力安排、越外討來底，不見得是天命之性，所以説「君子之道費而隱」。「費」字是承前章，《中庸》説「隱」字，又引後章「誠」字説。○王氏曰：此章説道之用，因用以明體，横貫於一篇之中，所謂「散爲萬事」者也。○《通》曰：「費」字有三切：兵媚切，邑名；符味切，姓也；芳味切，《説文》「散財用也」。《章句》以爲「用之廣」，當從芳味切，今注以爲「符味」，恐誤。勉齋黄氏、范陽張氏皆以爲「費」當讀作費用之費，是也。

夫婦之愚，可以與知焉，及其至也，雖聖人亦有所不知焉；夫婦之不肖，可以能行焉，及其至也，雖聖人亦有所不能焉。天地之大也，人猶有所憾。故君子語大，天下莫能載焉；語小，天下莫能破焉。與，去聲。

君子之道，近自夫婦居室之間，遠而至於聖人天地之所不能盡，其大無外，其小無内，可謂費矣。然其理之所以然，則隱而莫之見也。《語録》：自夫婦之所能知、能行，直至天地聖人之所不能盡，皆是説「費」；而所謂「隱」者，不離於此。○莫能載，是無外；莫能破，是無内。如物有至小而可破作兩者，是中着得一物在；若云無内，則是至小更不容破了。○熊氏曰：此章有「大」、「小」、「費」、「隱」四字，大處有費、隱，小處亦有費、隱。

蓋可知、可能者，道中之一事，及其至而聖人不知不能。則舉全體而言，聖人固有所不能盡也。《語録》：夫婦之與知、能行，是萬分中有一分；聖人不知、不能，是萬分中欠得一分。○人多以至爲道之精妙處，若道之精妙有所不知、不能，何足爲聖人？這「至」只是道之盡處，天地間固有没緊要底事，聖人安能盡知？

侯氏曰：「聖人所不知，如孔子問禮、問官之類；所不能，如孔子不得位，堯、舜病博施之類。」愚謂人所憾於天地，如覆載生成之偏，及寒暑災祥之不得其正者。饒氏曰：此章就夫婦所知、所能，而推之以至於天地之大，先語小而後語大也；「大哉聖人之道」章，從「發育萬物，峻極於天」而斂歸「禮儀三百，威儀三千」，先語大而後語小也。是誠之不可掩。

《詩》云：「鳶飛戾天，魚躍於淵。」言其上下察也。 鳶，余專反。

《詩》，《大雅·旱麓》之篇。鳶，鴟類。戾，至也。察，著也。 饒氏曰：「察」是自然昭著，便

子思引此詩以明化育流行，上下昭著，莫非此理之用，所謂「費」也。然其所以然者，則非見聞所及，所謂「隱」也。 方氏曰：問：「子思如何獨舉鳶、魚而言？」曰：「只且提起一二以示人，天下萬物皆如此，何獨鳶、魚？」〇北山陳氏曰：天地之間，有一物必有一理；有所謂已然者，必有所謂所以然者。鳶則天而不能淵，魚則淵而不能天，此其用之已然者也，是必有所謂所以然者以爲之體；然體之隱，初不離於用之顯也。〇温陵陳氏曰：中庸之道，只在日用之間，而不可他求。雖曰日用之間，而有至微至妙者存焉，亦猶鳶、魚之飛、躍，皆在目前，初不離性分之内。〇永嘉陳氏曰：大要不要人去昏默窈冥中求道理，平平處會得時，多少分明快活。〇新定錢氏曰：舉天下之有形者無不載矣，所以「莫能載」者何物？舉天下之有形者皆可破矣，所以「莫能破」者何物？於鳶之飛、魚之躍而有會焉，則其説昭昭矣，故曰「上下察」。處處呈露，焉可誣也。〇饒氏曰：天下無性外之物，而性無不在。無性外之物，是萬物統體一太極也；性無不在，是一物各具一太極也。〇這兩句直是引得妙，若以人來證，也證不得；若引植物來證，也證不得。蓋人有知識，植物又不

動，須以動物證之。且如鳶、魚，何嘗有知識？但飛則必戾於天，躍則不離於淵，自然如此，又不是人教他要。必有使之然者，須是於此默而識之。○《通》曰：《中庸》言「道」字，皆自「率性之道」說來。此所謂「君子之道」，即是「率性之道」。「費，用之廣也」，是說「率性之道」；「隱，體之微也」，是說「天命之性」。纔說「費」、「隱」即在其中；纔說「率性之道」，「天命之性」即在其中：非有二也。故近自夫婦居室之間，遠而至於聖人天地之所不能，而道無不在是，即朱子所謂「天下無性外之物，而性無不在」者也。性無不在，費也；而性之所以爲性，則隱也。如鳶飛魚躍，鳶率鳶之性必飛，魚率魚之性必躍，其飛其躍，費也；而所以飛、所以躍者，隱也。於此見物物有自然之天，物物有天命之性。首章言天命之性、率性之道，自第二章以至第十章，無非率性之道，亦無非因其天命之性也。天地間無非是此性之著見處，「造端乎夫婦」，則是盡性之始事。朱子曰：「幽闇之中，衽席之上，或褻而慢之，則天命有所不行。」非知性命之理者，不足以語此。

故程子曰：「此一節，子思喫緊爲人處，活潑潑地。」讀者其致思焉。《語録》：活，即是不滯於一隅。○饒氏曰：觀川流而知道體之不息，便須慎獨；觀鳶飛魚躍而知費之有隱，便須必有事而勿正心〔二〕，其意相似。○鳶、魚，說小底；天、淵，說大底；飛、躍，說活潑潑地底。方其未飛、未

〔二〕「心」，《四庫》本作「忘」。惠棟《周易述》引顧炎武言：「正心，心乃忘字之并也。」

躍，則道體無從可見；及其既飛、既躍，而道體森然昭著。此便與赤子入井，人皆有怵惕惻隱之心同，孟子所謂「躍如」也。○《通》曰：道體每於動處見，本自活潑潑地。聖賢教人，每欲人於動處用功，亦是活潑潑地。鳶飛、魚躍，道之自然，本無一毫私意；勿忘、勿助，學者體道之自然，亦着不得一毫私意。

君子之道，造端乎夫婦；及其至也，察乎天地。

結上文。《語録》：此章前面説得恁地廣大，末梢却説「造端乎夫婦」，乃是指其切實處。○君子之道，造端乎夫婦之微密；語其極，則察乎天地之高深。○幽闇之中，衽席之上，或褻而慢之，則天命有所不行矣。

右第十二章。子思之言，蓋以申明首章道不可離之意也。其下八章，雜引孔子之言以明之。饒氏曰：首章由體以推用，故先「中」而後「和」；此章由用以推體，故先「費」而後「隱」。蓋中間十章，極論君子中庸之事，皆道之用故也。

十三章

子曰：「道不遠人。人之爲道而遠人，不可以爲道。

道者，率性而已，固衆人之所能知、能行者也，故常不遠於人。若爲道者，厭其卑近以爲不足爲，而反務爲高遠難行之事，則非所以爲道矣。《語録》：此三句是一章之綱，下三節只是解此三句，然緊要處又在「道不遠人」一句。○「人之爲道而遠人」之「爲」，如「爲仁由己」之「爲」；「不可以爲道」，如「克己復禮爲仁」之「爲」。○黄氏曰：道不遠人，此「人」字兼人、己而言。○饒氏曰：上章説「道」如此費了，恐人以闊遠求道，故這裏説「道不遠人」。○《通》曰：上章言性無不在，其廣大也如此；此章言性只在人日用常行之間，其篤實也又如此。蓋道者，率性而已；人而率其人之性，自有人之道，此所謂「道不遠人」是也。不思人之所以爲人，道之所以爲道，而爲道遠於人，非率性之道也。

《詩》云：『伐柯伐柯，其則不遠。』執柯以伐柯，睨而視之，猶以爲遠。故君子以人治人，改而止。睨，研計反。

《詩》，《豳風·伐柯》之篇。柯，斧柄。則，法也。睨，邪視也。言人執柯伐木以爲柯

者，彼柯長短之法，在此柯耳。然猶有彼此之别，故伐者視之猶以爲遠也。若以人治人，則所以爲人之道，各在當人之身，初無彼此之别。故君子之治人也，即以其人之道，還治其人之身。其人能改，即止不治。蓋責之以其所能知、能行，非欲其遠人以爲道也。《語録》：人人本自有許多道理，只是不曾依這道理做去。今欲治之，不是别討箇道理治他，只是將他元有底道理，還以治之而已。及我自治其身，亦不是將他人底道理來治我，亦只是將我自得底道理，自治我之身而已，所以説「執柯以伐柯」。然「執柯以伐柯，睨而視之，猶以爲遠」，若此箇道理人人具有，放去收回只在這些子間，何用别去討？故《中庸》開卷便説「天命之謂性，率性之謂道」，只是説人人各具此箇道理，無有不足故耳。他從上頭説下來，只是此意。○黄氏曰：人即道也，以彼之道治彼之身，能改其不善，則本人之身還得本人之道矣，又安得不止而尚他求哉？○陳氏曰：能改即止，不以高遠難行底責他，只把他能知、能行底去治他。○袁氏曰：不曰「我治人」而曰「以人治人」，我亦人耳。人、道不離，吾身亦不離各人之身。吾有此則，人亦有此則，以則取則，天則自然，非彼柯假此柯之比也。人有過焉，能改則止，若責人已甚，違天則矣，故曰「忠、恕，違道不遠」。

張子所謂「以衆人望人，則易從」是也。《語録》：道者，衆人之道。衆人所能知、能行者，今人自做未得衆人耳。又曰：此「衆人」，不是説不好底人。○永嘉陳氏曰：衆人，即「天生烝民」、「凡厥庶民」之謂，亦是將他共有底道理治他，乃天理人倫之類。若以蠢蠢昏昏爲「衆人」，非聖人意。

○《通》曰：衆人同此性，即同此當然之則。以衆人望人，不敢遽以聖人責人也。《章句》分作三節，皆提起「不遠人爲道」一句：第一節言以人治人，不〔一〕欲其遠人以爲道；第二節言己之施於人者，不遠人以爲道；第三節言雖聖人所以責之己者，亦不遠人以爲道也。

忠、恕，違道不遠，施諸己而不願，亦勿施於人。

盡己之心爲忠，推己及人爲恕。違，去也，如《春秋傳》齊師「違穀七里」之違。言自此至彼，相去不遠，非背而去之之謂也。道，即其不遠人者是也。施諸己而不願，亦勿施於人，忠恕之事也。以己之心度人之心，未嘗不同，則道之不遠於人者可見。故己之所不欲，則勿以施之於人，亦不遠人以爲道之事。

《語録》：問：「此只是恕，如何作忠、恕説？」曰：「忠恕兩箇離不得：方忠時，未見得恕；及其恕時，忠行乎其間。『施諸己而不願，亦勿施於人』，非忠者不能也，故曰『無忠，做恕不出』。」問：「《論語》、《中庸》言忠、恕不同。」曰：「『盡己之謂忠，推己之謂恕』，此言『違道不遠』是也，是學者事。然忠恕工夫，到底只如此，曾子取此以明聖人『一貫』之理耳。若聖人之忠、恕，只説得『誠』字與『仁』字，『盡』字、『推』字用不得；若學者

〔一〕「不」，原作「皆」，據《四庫》本改。「通志堂」本與《薈要》本皆誤。

則須『推』，故程子『以己及物，仁也；推己及物，恕也，違道不遠是也』，自是兩端說。此只説下學而上達，是子思掠下教人處。《論語》則曰『一以貫之』，又曰『勿者，禁止之辭』，豈非學者事？《論語》分明言夫子之道，豈非聖人事？」○陳氏曰：忠，是就心説，是盡己之心無不真實者；恕，是就待人接物處説，只是推己心之所真實者，以及人物而已。○饒氏曰：道是天理，忠恕是人事，天理不遠於人事，故曰「道不遠人」；人事盡則可以至天理，故曰「忠恕違道不遠」。○方氏曰：問：「不欲勿施，如何是不遠人以爲道之事？」曰：「此即己之身而得待人之道，待人之道不必遠求，但觀其施於己者而已，故不遠。」

張子所謂「以愛己之心愛人，則盡仁」是也。《語録》：凡人責人處急，責己處緩；愛己則急，愛人則緩。若拽轉頭來，便自道理流行。○永嘉陳氏曰：此因恕而言仁耳。恕是求仁之事。推愛己之心以愛人，恕者之事也；以愛己之心愛人，仁者之事也。忠、恕，違道不遠，轉一過即仁矣，故張子以「仁」言。

君子之道四，丘未能一焉：所求乎子，以事父，未能也；所求乎臣，以事君，未能也；所求乎弟，以事兄，未能也；所求乎朋友，先施之，未能也。庸德之行、庸言之謹，有所不足，不敢不勉，有餘不敢盡。言顧行、行顧言，君子胡不慥慥爾！」子、臣、弟、友，四字絶句。

求，猶責也。道不遠人，凡己之所以責人者，皆道之所當然也，故反之以自責而自修焉。方氏曰：上文「忠」、「恕」，是即己之身而得待人之道；此四未能一，即人之身而得治己之道。治己之道不難見，觀其責於人者而已。又問：「四者固皆衆人之所能，而聖人乃自謂未能，何也？」曰：「此以求乎人者責己之所未能，亦曰未能如其所以責人者耳。」

庸，平常也。行者，踐其實。謹者，擇其可。德不足而勉，則行益力；言有餘而訒，則謹益至。謹之至，則言顧行矣；行之力，則行顧言矣。慥慥，篤實貌。言君子之言行如此，豈不慥慥乎！贊美之也。凡此皆不遠人以爲道之事。《語録》：以我責子之心，而反推己之所以事父，此便是則。「所求乎臣」以下，皆然。○北山陳氏曰：人之言常有餘於行，而行常不足於言。言顧行，則言之有餘者將自損；行顧言，則行之不足者將自勉。此一章語若雜出，而意脈實通，反覆於人己之間者，詳盡明切而有序，其歸不過致謹於言、行以盡其實耳。

張子所謂「以責人之心責己，則盡道」是也。黄氏曰：上一節即己之身而得待人之道，待人之道不必遠求，觀其施於己者而已；此即人之身而得治己之道，治己之道初不難見，觀其責於人者而已。○饒氏曰：「施諸己而不願」二句，是恕之事；「君子之道四」一段，是忠之事。庸德，是孝、忠、悌、信之類；庸言，即所責乎子、臣、弟、友之類。此「忠、恕」是夫子告曾子「一貫」，而曾子告門人以「忠、恕而已矣」之意；子思又得之曾子，故子思於此發明之。蓋「忠」、「恕」二字説得闊、做得徹，便是「一貫」。先言「忠」而後言「恕」，於序固順；然「忠」者，「恕」之本，先論其所以及人者，而後反之以責其所盡於己者，語意尤爲有力。《大學》自「明明德於天下」而反推之，以至於誠意致知；《中庸》自「獲上治民」而反推之，以至於誠身明善，皆是此意。○《通》曰：《論語》説「忠」、「恕」，是曾子借此二字形容聖人至妙處；此則是子思就此二字説歸聖道至實處。推愛己之心愛人，推己及物之「恕」也，而「忠」即行乎其間；以責人之心責己，發己自盡之「忠」也，而「恕」即不外乎此。君臣、父子、兄弟、朋友之倫，皆人人性分之所固有者，而曰「丘未能一焉」，亦曰吾之反求諸己，未能如其所以責人者爾。學者之心常如聖人以爲未能，則必深體而力行之。惟恐庸言之不謹，而言未能顧其行；惟恐庸德之未行，而行未能顧其言，此皆盡己之忠，而恕之本也。忠者，篤實之心。慥慥者，此心篤實之貌。「胡不」二字，即「盍」字。饒氏謂「夫子責己以勉人」，前四語是責己，「庸德」以下是勉人。

右第十三章。

「道不遠人」者，夫婦所能；「丘未能一」者，聖人所不能：皆費也。而其所以然者，則至隱存焉。下章放此。

十四章

君子素其位而行，不願乎其外。

素，猶見在也。言君子但因見在所居之位而爲其所當爲，無慕乎其外之心也。饒氏曰：「素」字當兩樣看：上面「素其位而行之」，素是活底，言因其見在之位而行之，如「素履往」是也；下面「素富貴」等字，是定體字。素位而行，即曾子「君子思不出其位」之意，見得子思得曾子之傳。○王氏曰：此兩句亦是一章之綱。

素富貴，行乎富貴；素貧賤，行乎貧賤；素夷狄，行乎夷狄；素患難，行乎患難，君子無入而不自得焉。難，去聲。

此言素其位而行也。陳氏曰：「素富貴，行乎富貴」，如舜之被袗衣鼓琴是也；「素貧賤，行乎貧賤」，如舜之飯糗茹草若將終身是也；「素夷狄，行乎夷狄」，如孔子欲居九夷曰「君子居之，何陋之有」是也；「素患難，行乎患難」，如孔子曰「天之未喪斯文也，匡人其如予何」是也。蓋君子無所往而不自得，惟爲吾之所當爲而已。○饒氏曰：四者之中，只有富貴是順境，三者皆逆境。或問：「上言四事，下文『在上位』以下，只暗説『富貴』、『貧賤』如何。」曰：「人之處世，不『富貴』則『貧賤』；如『夷狄』、『患難』之事，不常有之。」或問：「『入』字是入此四者之中否？」曰：「『入』字，是入此四者之中否？」曰：「『入』字闊，上四事特舉其概，隨其所在而樂存焉。」○倪氏曰：順居一，逆居三，以見人少有不經憂患者。君子居易以俟命，以能視順逆爲一也。

在上位不陵下，在下位不援上，正己而不求於人則無怨。上不怨天，下不尤人。援，平聲。

此言不願乎其外也。張子曰：責己者，當知無天下國家皆非之理。故學至於不尤人，學之至也。○陳氏曰：聖人無責望於天之心，無求取於人之意，又何怨尤之有？此處見聖人胸中，多少洒落明瑩，真如光風霽月，無一點私累。

故君子居易以俟命，小人行險以徼幸。易，去聲。

易，平地也。居易，素位而行也。俟命，不願乎外也。徼，求也。幸，謂所不當得而得者。《語録》：行險徼幸，本是連上文「不願乎其外」説，言强生意智，取所不當得。○譚氏曰：命者，貴賤、貧富、死生、壽夭，皆禀於天者也。一心之中，坦然平易，凡貴賤、貧富、死生、壽夭之在天者，但俟其來而順受之，初無毫髮芥蔕於胸次，故曰「君子居易以俟命」。○倪氏曰：易者，中庸也；俟命者，待其分之所當得，故無怨尤。險者，反中庸也；徼幸者，求其理之所不當得，故多怨尤。

○《通》曰：上章言道在邇，爲道而遠人者失之；此章言道在内，願乎其外者失之。子思所謂「不願乎其外」，即夫子所謂「獨行願」、孟子所謂「不願膏粱、文繡」也。分内之事，君子惟行其所當行；分外之得，君子不願其所不可願。蓋富貴、貧賤、夷狄、患難皆有命焉。爲君子者，唯當如子於父母之命，順受之而已。居見在所居之位，行見在所當行之事，心逸日休，將無入而不自得焉。自得者，性分之樂，在内不在外也。蓋天地間，非吾性分之所固有、職分之所當爲者，皆外也。或在上位，外也，何必陵下？或在下位，外也，何必援上？或不得於天，或不得於人，外也，何必怨天尤人？君子正己，則素位而行；無求於人，則不願乎其外。居易，則素位而行；俟命，則不願乎其外。小人者，此心膠膠擾擾，惟願乎其外，不知命之所在不可以知力加也；所可加者，徒能行險以徼一旦之幸。然命有不可幸而致者，天下事亦未有盡如吾所願者，前輩所以云「君子本分爲君子，小人枉了爲小人」者，此也。

子曰：「射有似乎君子，失諸正鵠，反求諸其身。」正，音征。鵠，工毒反。**畫布曰正，棲皮曰鵠，皆侯之中、射之的也。子思引此孔子之言，以結上文之意。**《語録》：侯，張布而射之者也。正，設的於侯中而射之者也。大射，則張皮侯而設鵠；賓射，則張布侯而設正。○饒氏曰：「正」乃是「鳿」字，小而飛最疾，難射，所以取爲的。○陳氏曰：如射法，有不中只是自責，曾不責之他人。此以證君子反求諸己，不願乎其外之意。○《通》曰：不曰「君子有似乎射」，而曰「射有似乎君子」，君子無求勝之心，射不足以似之；所可似者，射有不中，不怨勝己，如君子有所不得，「不怨天、不尤人」也。

右第十四章。

子思之言也。凡章首無「子曰」字者放此。

十五章

君子之道，辟如行遠必自邇，辟如登高必自卑。《詩》曰：「妻子好合，如鼓瑟琴。兄弟既翕，和樂且耽。宜爾室家，樂爾妻帑。」好，去聲。耽，《詩》作湛，亦音耽。樂，音洛。

《詩》，《小雅·常棣》之篇。鼓瑟琴，和也。翕，亦合也。耽，亦樂也。帑，子孫也。

子曰：「父母其順矣乎！」

夫子誦此詩而贊之曰：人能和於妻子、宜於兄弟如此，則父母其安樂之矣。子思引《詩》及此語，以明行遠自邇、登高自卑之意。北山陳氏曰：「行遠自邇、登高自卑」，凡君子之道，其推行之序皆然。《中庸》舉詩以明之，特指一事而言耳。或者以「行遠」、「登高」辟順父母，以「自邇」、「自卑」辟和妻子，則泥矣。○《通》曰：《章句》以「安樂之」三字釋「順」字，有味。蓋上文皆言兄弟、妻子相安之意，人子以父母之心爲心，必使一家安而後父母之心安之，必使一家樂而後父母之心樂之爾。嗚呼，爲人子者，而使父母之心或有不安之、不樂之者，亦將何以爲人子哉？

右第十五章。熊氏曰：此前三章，皆言道之小。第十三章言道不必遠求，人倫日用之間、處事接物之際皆是。十四章言道不必外求，反之吾身，富貴、貧賤、夷狄、患難，隨其所處，凡達而在上、窮而在下皆是。此章言道不必求之高遠，只就卑近父母、兄弟、妻子之間皆是。

十六章

子曰：「鬼神之爲德，其盛矣乎！」

程子曰：「鬼神，天地之功用，而造化之迹也。」《語録》：「功用」只是論發見者。如寒來暑往、日往月來、春生夏長、秋收冬藏皆是。又曰：風雨霜露、日月晝夜，此鬼神之迹也。

張子曰：「鬼神者，二氣之良能也。」《語録》：良能，是説往來屈伸乃理之自然，非有安排措置。

愚謂以二氣言，則鬼者陰之靈也，神者陽之靈也。陳氏曰：「靈」云者，只是自然，屈伸往來恁地活爾。

以一氣言，則至而伸者爲神，反而歸者爲鬼，其實一物而已。《語録》：二氣之分，實一氣之運。以二氣言，則陰之靈爲鬼，陽之靈爲神。以一氣言，則方伸之氣亦有伸、有屈：其方伸者，神之神；其既屈者，神之鬼。既屈之氣亦有屈、有伸：其既屈者，鬼之鬼；其來格者，鬼之神。○天地間如消底是鬼，息底是神；生底爲神，死底爲鬼。四時：春夏爲神，秋冬爲鬼。人之語爲神，默爲鬼；動爲神，静爲鬼；呼爲神，吸爲鬼。○張子曰：物之初生，氣日至而滋息；物生既盈，氣日反而游散。至之謂神，以其伸也；反之謂鬼，以其歸也。天地不窮，寒暑耳；衆動不窮，屈伸耳，鬼神之實，不越乎二端而已矣。○饒氏曰：造化之迹，指其屈伸者而言；二氣良能，指其能屈能伸者而言。○定宇陳氏曰：二氣，以陰陽之對待者而言；一氣，以陰陽之流行者而言。

爲德，猶言性情功效。《語録》：性情，乃鬼神之情狀。能「使天下之人齊明盛服，以承祭祀」，便是「功效」。○視之不見，聽之不聞，是性情；體物不可遺，是功效。○方氏曰：所謂「性情」者，便是張子所謂「二氣之良能」；所謂「功效」者，便是程子所謂「天地之功用」。鬼神，視之而不見，聽之而不聞，人須是於那良能與功用上認取其德。又曰：性情言其體，功效言其用。《易·大傳》曰：「鬼神之情狀。」情，即性情；狀，即功效也。鬼神生長斂藏，是孰使之然？是他性情如此，亦是他實理自然如此，故謂之德。若生而成春，長而成夏，斂而成秋，藏而成冬，便是鬼神之功效。

視之而弗見，聽之而弗聞，體物而不可遺。

鬼神無形與聲，然物之終始，莫非陰陽合散之所爲，是其爲物之體，而物所不能遺也。其言「體物」，猶《易》所謂「幹事」。《語録》：問：「體物而不可遺。」曰：「只是這一箇氣入毫釐絲忽也，是這陰陽包羅天地也，是這陰陽有是理便有是氣，有是氣便有是物，無非實者。」○饒氏曰：前章詳於費而不及隱，引而不發之意也；此章推隱而達於費，以發前章未發之意也。然「弗見」、「弗聞」，已足以形容其隱矣，而復以「體物而不可遺」言者，明隱非空無之謂也。故下文言「微之顯」，而復以「誠之不可揜」申之，明隱之所以不能不費者，正以其實理之不可掩故也。

使天下之人齊明盛服，以承祭祀。洋洋乎！如在其上，如在其左右。齊，側皆反。

齊之爲言齊如字，下同**也，所以齊不齊而致其齊也。明，猶潔也。洋洋，流動充滿之意。能使人畏敬奉承，而發見昭著如此，乃其「體物而不可遺」之驗也。**《語録》：上下章恁地說，忽插一段鬼神「洋洋如在其上，如在其左右」在這裏，也是魚躍鳶飛意思。所以末梢只說「微之顯，誠之不可揜如此夫」。○吕氏曰：鬼神者，二氣之往來耳。物感雖微，無不通於二氣。故人有是心，雖自謂隱微，心未嘗不動，動則固已感於氣矣，鬼神安有不見乎？○陳氏曰：齊明，是肅於内；盛服，是肅於外。承祭祀，如天子祭天地、諸侯祭社稷、大夫祭五祀、士祭其先之類。隨所當祭者，誠敬以集自家精神，則彼之精神亦集，便洋洋流動充滿，如神在焉。○定宇陳氏曰：自使人「齊明」、「承祭祀」以下，方是就無所不包之鬼神中，提出當祭祀之鬼神來說，見得鬼神隨祭而隨在，流動充滿，昭著發見，無所不在。所謂「體物而不可遺」者，豈不可驗之於此哉？

孔子曰：「其氣發揚于上爲昭明，君音熏**蒿悽愴。此百物之精也，神之著也。」正謂此爾。**《語録》：昭明，乃光景之屬。焄蒿，氣之感觸人者。悽愴，如《漢書》所謂「神君至，其風颯然」之意。○方氏曰：問：「《中庸》說鬼神，初說『體物』云云，只是就陰陽上說，末後又却以『祭祀』言之，是如何？」曰：「此是就其親切著見者言之也。若不如此説，人必將風雷山澤作一種鬼神，故即其親切著見者言之，欲人會之爲一也。」

《詩》曰：『神之格思，不可度思！矧可射思！』度，待洛反。射，音亦，《詩》作斁。**《詩》，《大雅·抑》之篇。格，來也。矧，況也。射，厭也，言厭怠而不敬也。思，語辭。**

夫微之顯，誠之不可揜如此夫！」夫，音扶。

誠者，真實無妄之謂。陰陽合散，無非實者。故其發見之不可揜如此。《文集》：鬼神只是氣之屈伸，其德則天命之實理，所謂「誠」也。○陳氏曰：此理雖隱微而甚顯，以陰陽之往來屈伸皆是真實而無妄，所以發見之不可揜如此。《詩》云三句，視弗見、聽弗聞意；「微之顯，誠之不可揜」，説如在上、在左右意。○袁氏曰：學者讀《中庸》，須思聖人何爲發明鬼神之道，又思聖人反覆形容，何爲於此下一「誠」字？嗚呼，欲識不睹不聞，請觀於此；欲識君子慎獨，請觀於此；欲識物之終始不誠無物，請觀於此。○饒氏曰：後章「誠」字，即此章「誠」字；但此章「誠」字，是「費」之所以然處，以理言也。後章「誠」字，是所以貫衆費而有諸己處，以德言也；皆所謂「隱」也。○又曰：道是形而上者，鬼神是形而下者。此章即鬼神之費隱，以明道之費隱，是以形而下者之體用，明形而上者之體用也。子思以道體至微，未易察識，故以鬼神之事人所共知者曉人，此只是眼前道理，讀者不可把做深遠看。○故子思引此至明白而易曉者以告人，言觀鬼神之體至隱，而與用至費者如此。○【《通》曰】：誠者，《中庸》一書之樞紐，而首於此章見之。漢儒皆不識「誠」字，宋李邦直始謂「不欺之謂誠」，徐仲車謂「不息之謂誠」，至子程子則曰「無妄之謂誠」，子朱子又加以「真實」二字，誠之説盡矣。「六經」言誠自《商書》始，《書》但言鬼神享人之誠；而《中庸》直言鬼神之誠，其旨微矣。鬼神者，造化陰陽之氣；誠者，所以爲造化陰陽之理也。實有是理，則實有是氣，其體甚微，其用甚顯。視不見、聽不聞，微也，前之所謂「隱」也；體物而不可遺，顯也，前之所謂「費」也。前言君子之道，以人道言；此言鬼神之德，以天道言。人道，其用也，故先言用之費，而體之隱者即在費之中；天道，其體也，故先言體之微，而用之顯者亦不出乎微之外：言固各有當也。體物而不可遺，《章句》以爲「體物」，猶《易》所謂「幹事」。木非幹不立，築非幹易傾，「幹」字釋「體」字最有力，此是指鬼神之顯處示人。人之齊明盛服，鬼神未嘗使之；而若有使之者，洋洋如在，鬼神精爽直與人之齊明相接，《章句》謂此即其「體物而不可遺」之驗也。蓋前此所説鬼神，無所不包；此又就無所不包之中，提出當祭祀之鬼神來説，是又指鬼神之最顯處示人。然此其顯也，必有所以顯者，末斷之曰「微之顯，誠之不可掩也」。夫鬼神無聲無形，於天下之物如之何其體之？於天下之人又如之何其使之顯然？一至「誠之不可掩」如此也。凡物之終始，莫非陰陽合散之所爲；而陰陽合散，莫非真實無妄之理。後世此理不明，有雜鬼神於佛、老，而競爲淫祀以徼福者，一何怪誕不經至此哉！嗚呼，使天下後世而皆知天命之性，則知佛氏之空者非性矣；皆知率性之道，則知老氏之無者非道矣；皆知鬼神之誠，則知後世之淫祀之幻妄者非誠矣。朱子以爲思慮之遠，信哉！

右第十六章。

不見不聞，隱也；體物如在，則亦費矣。此前三章，以其費之小者而言；此後三章，以其費之大者而言；此一章，兼費隱、包大小而言。

十七章

子曰：「舜其大孝也與！德爲聖人，尊爲天子，富有四海之內。宗廟饗之，子孫保之。與，平聲。

子孫，謂虞思、陳胡公之屬。定宇陳氏曰：虞思，夏諸侯，嘗以二姚妻仲康，事見《左傳》。武王興周，封舜之後於陳，以元女大姬配胡公，皆舜子孫。事不止此，故以「之屬」該之。○真氏曰：《孟子》論舜之孝，言孝之始，指其事親之實也；《中庸》言孝之終，發明其功用之大也。

故大德必得其位，必得其禄，必得其名，必得其壽。

舜年百有十歲。

故天之生物，必因其材而篤焉。故栽者培之，傾者覆之，

材，質也。篤，厚也。栽，植也。氣至而滋息爲培，氣反而游散則覆。《語録》：物若扶植種在土中，自然生氣湊泊他；若已傾倒，則生氣無所附着，從何處來相接？如人疾病，若自有生氣，則藥力之氣依之，而生意滋長；若已危殆，則生氣流散，而不復相湊矣。○永嘉薛氏曰：天人之應，至難言也；而聖賢常若有可必之論：曰「積善之家，必有餘慶；積不善之家，必有餘殃」，今曰「大德」而謂之「必得其位，必得其禄，必得其名，必得其壽」。聖賢何若是爲必然之論，而亦豈能盡取必於天哉？天之生物，必因其材質而加厚焉。其本固者，雨露必滋培之；其本傾者，風雨必顛覆之。其培之也，非恩之也；其覆之也，非害之也：皆理之必然者也。

《詩》曰：『嘉樂君子，憲憲令德。宜民宜人，受禄於天。保佑命之，自天申之。』

《詩》，《大雅·假樂》之篇。假，當依此作嘉。憲，當依《詩》作顯。申，重平聲**也。**饒氏曰：「嘉樂君子，憲憲令德」，是「栽」；「受禄」、「保佑」、「申之」，便是「培」。

故大德者必受命。」

受命者，受天命爲天子也。《語録》：問：「舜之大德受命，正是爲善受福；《中庸》却言天之生物，栽培傾覆。何也？」曰：「只是一理。此亦非有物使之然，但物之生時，自節節長將去，恰似有物扶持他；及其衰也，則自節節消磨將去，恰似有物推倒他，理自如此。惟我有受福之理，故天既佑之，又申之。董仲舒曰『爲政而宜於民，固當受禄於天』，他説得自有意思。」又曰：「『嘉樂』詩下章又却不説其他，但願其子孫之多且賢，此意甚好，然亦此理之常。若堯、舜之子不肖，則又非常理也。」〇定宇陳氏曰：必者，決然之辭。自「必得其位」至「必受命」，六「必」字皆是常理之必然者。此句總結上文意。〇陳氏曰：孔子德與舜同，而名、位、禄、壽乃與舜反，何也？蓋有舜之德而必得其應者，理之常；有孔子之德而不得其應者，理之不得其常也。大抵聖人之生，實關天地大數：天地之氣，自伏羲至堯、舜，正長盛時節，堯、舜得氣之清明，故爲聖人；又得氣之高厚，所以得位得禄；又得氣之長遠，所以得壽。周衰以至春秋，歷許多世變，天地之大氣數已微，雖孔子亦稟氣清明，本根已栽；然適當氣數之衰，雖培擁之而不可得，所以不得禄、位，僅得中壽，蓋理之不得其常也。○《通》曰：前言父母之順在於宜爾兄弟、樂爾妻帑，不過目前之事，費之小者也；此言孝之大在於宗廟享之、子孫保之，則極其流澤之遠，費之大者也。前言費之小，則曰「居易以俟命」，學者事也；此言費之大，則曰「大德必受命」，聖人事也。栽者培之，是言有德者天必厚其福，可爲居易者勸；傾者覆之，是言不德者天必厚其毒，可爲行險者戒矣。此「傾」字，即是「險」字。物之傾者，必覆；人之險者，獨不思夫禄、位、名、壽自有必得之理，而吾獨欲求其不當得者而得之，何哉？末所引《詩》，專爲「栽者培之」而言也。

右第十七章。

此由庸行之常，推之以極其至，見道之用廣也。而其所以然者，則爲體微矣。後二章亦此意。《通》曰：「庸行之常」，筆誤，當作「庸德之行」。蓋上章言「庸德」，而此章言舜大德；下章言周公、文、武之德，皆由庸德推之，以至於極者也。

十八章

子曰：「無憂者，其惟文王乎！以王季爲父，以武王爲子，父作之，子述之。

此言文王之事。《書》言「王季其勤王家」，蓋其所作，亦積功累仁之事也。海陵胡氏曰：舜、禹，父則瞽、鯀；堯、舜，子則朱、均，所以惟文王爲無憂。○兼山郭氏曰：憂勤者，文王也；無憂者，後人之言文王也。○《通》曰：文王父作子述，人倫之常也；舜之父子，人倫之變也。舜惟順於父母可以解憂，此《中庸》所以曰：「無憂者，其惟文王乎！」

武王纘大王、王季、文王之緒，壹戎衣而有天下，身不失天下之顯名。尊爲天子，富有四海之内，宗廟饗之，子孫保之。大，音泰；下同。

此言武王之事。纘，繼也。大王，王季之父也。《書》云：「大王肇基王迹。」《詩》云：「至于大王，實始翦商。」緒，業也。戎衣，甲胄之屬。「壹戎衣」，《武成》文，言一著戎衣以伐紂也。北山陳氏曰：周家之業，自大王遷岐，從如歸市。是時，人心天意已有爲王之基矣。武王一擐戎衣以有天下，此蓋天命人心之極，不得而辭者。○節齋蔡氏曰：大王雖未始有翦商之志，然大王始得民心，王業之成實基於此。○《通》曰：上章於舜言「德爲聖人」，於武不言。舜必得其名，武不失天下之顯名；舜性之而以揖遜有天下，武反之而又以征伐得天下也。然宗廟享之，子孫保之，則與舜無異。蓋舜有大德，武由世德，故下文不獨曰周公成「武王之德」，而以成「文、武之德」，兼言也。

武王末受命，周公成文、武之德，追王大王、王季，上祀先公以天子之禮。斯禮也，達乎諸侯、大夫，及士、庶人。父爲大夫，子爲士，葬以大夫，祭以士。父爲士，子爲大夫，葬以士，祭以大夫。期之喪，達乎大夫。三年之喪，達乎天子。父母之喪，無貴賤，一也。」追王之王，去聲。

此言周公之事。末，猶老也。追王，蓋推文、武之意，以及乎王迹之所起也。先公，組紺以上至后稷也。組紺，即公叔祖類，大王之父，王季之祖。上至后稷，十二世，見《史記·三代世表·周紀》。

上祀先公以天子之禮，又推大王、王季之意，以及於無窮也。制爲禮法，以及天下，使葬用死者之爵，祭用生者之禄。喪服自期以下，諸侯絶，大夫降；而父母之喪，上下同之，推己以及人也。《語録》：夏、商而上，只是親親長長之意，到周則又添得許多貴貴底禮數。如

「始封之君，不臣諸父昆弟；封君之子，不臣諸父而臣昆弟」。期之喪，天子、諸侯絶，大夫降；然諸侯、大夫尊同，則不絶不降；姊妹姪在諸侯者，亦不絶不降：此皆貴貴之義。上世想皆簡略，未有許多降殺貴貴底禮數。凡此皆天下之大經，前世所未備，到得周公搜剔出來，立爲定制，更不可易。○雖上祀先公以天子之禮，然不敢以天子之服臨其先公，但鷩冕、旒玉與諸侯不同。天子九旒十二玉，諸侯七旒七玉耳。○山陰陸氏曰：經不言追王文王者，以上言「周公成文、武之德」，追王之意，文王與焉故也。○新安王氏曰：追王之禮，夏商未有；武王晚而受命，初定天下，追王及於文考；至周公因文王之孝、武王之志，追王上及大王、王季。不言武王追王者，禮制定於周公故也。大王以上，追王不及，而《武成》稱后稷爲先王，蓋史官刪潤之辭。然追王止於三王，而祀用天子之禮則上及先公。蓋喪從死者，祭從生者，天下之達禮也。「父爲大夫，子爲士，葬以大夫，而祭以士」，非貶也；「父爲士，子爲大夫，葬以士，而祭以大夫」，非僭也。武王爲天子，則祭先公用天子之禮，其義當然。祭禮殺於下而上致其隆，喪禮詳於下而上有所略。若夫父母之喪，則自天子至於庶人，賤無加隆，貴無降殺，孟子所謂「三代共之」者也。○永嘉陳氏曰：伸情於父母處，獨齊衰之喪上同於天子，其他各有限節等衰，不可盡伸也。○《通》曰：堯、舜有不得於其子，舜、禹有不得於其父，湯有不得於其孫；周家自大王以至周公，世世修德，古所無也。周公追王之禮，特以義起，古所無也，所以《中庸》特表而出之。此段須看《章句》「推」字與「及」字，周公推文、武之意以及大王、王季，於是始行追王之禮；又推大王之意以及組紺以上至后稷，於是祀以天子之禮；又推此及諸侯、大夫，及士、庶人，使各得以行喪祭之禮。孝心上下融徹，禮制上下通行，此周公所以謂之「達孝」也。此章之末數「達」字，所以有下章之首一「達」字。

右第十八章。

十九章

子曰：「武王、周公，其達孝矣乎！

達，通也。承上章而言武王、周公之孝，乃天下之人通謂之孝，猶孟子之言「達尊」也。

饒氏曰：達孝，是承上章三「達」字而言。言其孝不特施之家，又能達之天下。如斯禮達乎諸侯、大夫及士、庶人，是自上達下；期之喪達乎大夫，三年之喪達乎天子，是自下達上。能推吾愛親之心，而制爲喪祭之禮，以通乎上下，使人人得致其孝，故謂之「達孝」。如所謂德教加於百姓，刑于四海，此天子之孝是也。○真氏曰：舜之孝，如天之不可名，故曰「大」；武王、周公之孝，天下稱之無異辭，故曰「達」。○江陵項氏曰：舜爲人道之極，萬世仰之不可加也；周爲王制之備，萬世由之不可易也。此蓋古之盡倫、盡制者，故舉之以爲訓也。

夫孝者，善繼人之志，善述人之事者也。

上章言武王纘大王、王季、文王之緒以有天下，而周公成文、武之德以追崇其先祖，此繼志、述事之大者也。下文又以其所制祭祀之禮，通於上下者言之。

春秋修其祖廟，陳其宗器，設其裳衣，薦其時食。

祖廟：天子七，諸侯五，大夫三，適士二，官師一。《語録》：問：「官師一廟，祭父母而不及祖，無乃不盡人情邪？」曰：「位卑則流澤淺，其理自然如此。」又問：「今雖士、庶人家，亦祭三代，却是違禮？」曰：「雖祭三代，却無廟，亦不可謂之僭。古所謂『廟』，體面甚大，皆具門堂寢室，非如今人但以一室爲之。」○官師一廟，止及禰，却於禰廟併祭祖；適士二廟，即祭祖、祭禰，皆不及高、曾。大夫三廟，一昭一穆與太祖之廟而三。大夫亦有始封之君。如魯季氏則公子友仲，孫氏則公子慶父，叔孫氏則公子牙是也。○新安王氏曰：先王先公，有廟有祧。廟則有司修除，祧則守祧黝堊，此「修其祖廟」也。

宗器，先世所藏之重器，若周之赤刀、大訓、天球、河圖之屬也。裳衣，先祖之遺衣服，祭則設之以授尸也。時食，四時之食，各有其物，如春行羔、豚、膳、膏、香之類是也。趙氏曰：四時之食，各有其物，以其所以奉諸人者薦諸神，蓋以生事之也。羔，稚羊也。豚，稚豕也。物嫩而肥，故用之於春。香，謂牛膏也。調膳之時，各以物之所便而和之。○《通》曰：春，雨露之濡；秋，霜露之降。因時思親，人莫不有是心也。修祖廟，嚴其祖先之所在；陳宗器以下，視其祖先如在：此禮通乎上下而言也。

宗廟之禮，所以序昭穆也。序爵，所以辨貴賤也；序事，所以辨賢也。旅酬，下爲上，所以逮賤也；燕毛，所以序齒也。昭，如字。爲，去聲。

宗廟之次：左爲昭，右爲穆，而子孫亦以爲序。有事於太廟，則子姓、兄弟、群昭、群穆咸在而不失其倫焉。爵，公、侯、卿、大夫也。事，宗祝有司之職事也。旅，衆也。酬，導飲也。旅酬之禮，賓弟子、兄弟之子各舉觶音至於其長，而衆相酬。蓋宗廟之中，以有事爲榮，故逮及賤者，使亦得以申其敬也。《語録》：旅酬禮，下爲上交勸。先一人如鄉吏之屬升觶，或二人舉觶獻賓。賓不飲，却以獻執事。執事一人受之，以獻於長，以次獻，至沃盥，所謂「逮賤」也。○主人酌以獻賓，賓飲主人，曰「酢」。主人自飲，而復以飲賓，曰「酬」。其主人又自飲者，是導賓使飲也。賓受之，却不飲，奠於席前，至旅時亦不舉，又自別舉爵。

燕毛，祭畢而燕，則以毛髮之色別長幼，爲坐次也。齒，年數也。《語録》：燕時擇一人爲上賓，不與衆賓齒，餘者皆序齒。○《通》曰：宗廟之禮，非特序死者之昭穆，亦所以序生者之昭穆。《王制》所謂「三昭三穆」，死者之昭穆也；《祭統》所謂「群昭群穆」，生者之昭穆也。序爵所以貴貴，賤者宜在所略；旅酬下爲上，賤者亦得以伸其敬矣。序事所以賢賢，老者宜在所簡；燕毛，則於老者獨加敬矣。禮意周浹如此，亦通乎上下而言也。

踐其位，行其禮，奏其樂，敬其所尊，愛其所親，事死如事生，事亡如事存，孝之至也。

踐，猶履也。其，指先王也。所尊、所親，先王之祖考、子孫、臣庶也。始死謂之死，既葬

則曰反而亡焉，皆指先王也。此結上文兩節，皆繼志、述事之意也。陳氏曰：事死如生，居喪時事；事亡如存，葬祭時事。○《通》曰：「踐其位，行其禮，奏其樂」，述事之大者也；「敬其所尊，愛其所親」，繼志之大者也。前章由武王、周公繼志、述事之孝，而及禮制之通乎上下者；此章言禮制之通乎上下者，而説歸武王、周公繼志、述事之孝。章首曰「其達孝矣乎」，此結之曰「孝之至也」，無餘藴矣。

郊社之禮，所以事上帝也；宗廟之禮，所以祀乎其先也。明乎郊社之禮、禘嘗之義，治國其如示諸掌乎！」

郊，祀天。社，祭地。不言后土者，省文也。禘，天子宗廟之大祭，追祭太祖之所自出於太廟，而以太祖配之也。嘗，秋祭也。四時皆祭，舉其一耳。禮必有義，對舉之，互文也。示，與「視」同。視諸掌，言易見也。此與《論語》文意大同小異，記有詳略耳。

《語録》：《周禮》只説祀昊天上帝，不説祀后土。先儒説祭社，便是如「郊特牲、社稷太牢」。又如「用牲于郊，牛二」，乃社于新邑，此乃明驗。故五峰言「無北郊，只社便是祭地」，游氏説「郊社之禮，所謂惟聖人爲能饗帝；禘嘗之義，謂惟孝子爲能饗親」，意思甚周密。○延平周氏曰：天神言「郊」，舉其大；地祇言「社」，舉其小。禘對祫，則祫爲大。於間祀言禘，所以知有祫也；於時祀言嘗，所以知有烝與禴、祠也。然必言嘗者，舉其始也。蓋祭之備物，始於秋而豐於冬，春則少損，而夏則愈薄故也。○譚氏曰：治道不在多端，在夫致敬之間而已。當其執圭幣以事上帝之時，其心爲何如？當其奠斝以事祖宗之時，其心爲何如？是心也，舉皆天理，無一毫人僞介乎其間。鬼神之情狀，天地萬物之理，聚見於此；推此心以治天下，何所往而不當？○河東侯氏曰：天子有天子祀先之禮，諸侯有諸侯祀先之禮，故曰「宗廟之禮，所以祀乎其先也」。魯，侯也，以天子祀先之禮祀其先，非禮也，瀆也，不祀乎其先也。所以祀上帝，所以祀其先，「所以」字與「其」字更宜玩味。○饒氏曰：「春秋修其祖廟」四句，特費之小者；至於「序昭穆」、「序爵」、「序事」、「序齒」、「下爲上」，則又親親、長長、貴貴、尊賢、慈幼、逮賤之道，此便是治天下之經。敬其所尊，敬也；愛其所親，仁也；事死亡如生存，誠也；盡是三者，孝也。仁、孝、誠、敬，指心而言，是又天下之本一。祭祀之間，而治天下之道具於此，故結之曰「明乎此者，治國其如示諸掌乎」。豈非指費之大者而言歟？○《通》曰：上文「孝之至也」，已是結了「達孝」二字，此又別是一意。蓋上章與此章上文，專以宗廟之禮言；此則兼以郊禘之禮言。周公制爲禮法，未嘗不通上下之情，亦未嘗不嚴上下之分。祀先之禮，通上下可得行；祀上帝，惟天子得行之，故特先後而言之。曰「此所以祀上帝也」，曰「此所以祀乎其先也」，名分截然不可犯也。明乎郊社之禮，胡爲先郊而後社？郊，祭天，惟天子得行之；社，則自侯國以至於庶人各有社，上下可通行也。明乎禘嘗之義，胡爲先禘而後嘗？禘，大祭，惟天子得行之；嘗，宗廟之秋祭，上下可通行也。前章末言「三年之喪」，維庶人得以通乎天子，必有父也；此章末言「郊禘之祭」，諸侯不得以通乎天子，必有君也。但言周公之制禮如此，而不足於魯之意自見，此所以爲聖人之言也。

右第十九章。《通》曰：右自「費隱」章至此，爲第三大節。

二十章

哀公問政。

哀公，魯君，名蔣。

子曰：「文、武之政，布在方策。其人存，則其政舉；其人亡，則其政息。

方，版也。策，簡也。少蘊葉氏曰：木曰「方」，竹曰「策」，策大而方小。《聘禮》：「束帛加書，百名以上，書於策；不及百名，書於方。」《既夕禮》：「書賵於方，若九、若七、若五。書遣於策。」「策」以衆聯，「方」一而已矣。

息，猶滅也。有是君，有是臣，則有是政矣。

人道敏政，地道敏樹。夫政也者，蒲盧也。夫，音扶。

敏，速也。蒲盧，沈括以爲蒲葦是也。以人立政，猶以地種樹，其成速矣；而蒲葦又易生之物，其成尤速也。言人存政舉，其易如此。顧氏曰：以「蒲盧」喻政之敏，猶孟子以「置郵」喻德之速。

故爲政在人，取人以身，修身以道，修道以仁。

此承上文人道敏政而言也。爲政在人，《家語》作「爲政在於得人」，語意尤備。人，謂賢臣。身，指君身。道者，天下之達道。仁者，天地生物之心，而人得以生者，所謂「元者，善之長」也。見《易·乾卦·文言》。言人君爲政在於得人，而取人之則又在修身。能仁其身，則有君有臣，而政無不舉矣。

《語録》：問：「仁亦是道，如何却説『修道以仁』？」曰：「仁，是直指人心親切之妙；道，是統言義理公共之名。」又問：「如此則這箇『仁』字是偏言底？」曰：「『仁者，人也，親親爲大。』如此説，則此是偏言。」○定宇陳氏曰：「仁其身」三字精妙，包括「修身以道，修道以仁」八字。「修道以仁」，如志道、據德而依於仁，修身工夫至於以仁，可謂「能仁其身」，而身與仁爲一矣。

仁者，人也，親親爲大；義者，宜也，尊賢爲大。親親之殺，尊賢之等，禮所生也。殺，去聲。

人，指人身而言。具此生理，自然便有惻怛、慈愛之意，深體味之可見。《語録》：以「生」字説「仁」，生自是上一節事。當來天地生我底意，如今須要自體認得。○真氏曰：人之所以爲人者，以其有是仁也。有是仁，而後命之曰「人」；不然，則非人矣。○饒氏曰：「人」字之義，極難訓。但凡字須有對待，即其所對之字觀之，其義可識。此「人」字，非對己之人，非對物之人，亦非對天之人。孔子曰：「未能事人，焉能事鬼。」此「人」字，正與「鬼」字相對。生則爲人，死則爲鬼，仁是生底道理，所以訓「人」。人若不仁，便是自絶其生理。

宜者，分别事理，各有所宜也。禮，則節文斯二者而已。北山陳氏曰：親親之中有隆殺，觀五服之義可見。尊賢之中有等降，觀隆師親友之類可推。○饒氏曰：或問：「等殺由禮而生？禮由等殺而生？」曰：「只云『禮所生』而無『由』字，則是等殺由禮而生也。等殺是子，禮是母。等殺者禮之所生，猶言子者母之所生。況等殺是人事，禮是天理，人事之輕重高下，皆天理有以節文之，豈有天理反因人事而生之理？」

在下位不獲乎上，民不可得而治矣！

鄭氏曰：「此句在下，誤重在此。」

故君子不可以不修身；思修身，不可以不事親；思事親，不可以不知人；思知人，不可以不知天。

「爲政在人，取人以身」，故不可以不修身。「修身以道，修道以仁」，故思修身不可以不事親。欲盡親親之仁，必由尊賢之義，故又當「知人」。親親之殺，尊賢之等，皆天理也，故又當「知天」。《語録》：此章却是倒看，根本在修身。然修身得力處，却是知天。知天是物格知至，知得箇自然道理。既知天，則知人、事親、修身皆得其理矣。○知人，如「知人則哲」之「知」。不是思欲事親，先要知人；只是思欲事親，便要知人。與不好底人處，豈不爲親之累？○饒氏曰：禮者，天理自然之節文，不是人安排，故曰「天」。親親，仁也；尊賢，義也；等殺，禮也；知天，知也。知天，即是知上三者皆天理也。○《通》曰：下文「爲天下國家有九經」，即「文、武之政」也；此則就九經提起修身、親親、尊賢三者爲綱。論修身，則曰道曰仁，歸宿在一「仁」字；論親親、尊賢，則曰仁曰義，歸宿在一「天」字。孔門言仁，惟「仁者，人也」一句最切；《章句》釋之又切，饒氏謂此「人」字與「鬼」對，深得《章句》之意。蓋死曰鬼，生曰人。人之所以爲人者，以其生也；既生而謂之「人」，此身便自具此生理，滿腔子便純是天地生物之心。人而自絶其生理，獨不思夫吾之此身，人之身也。此身本自具此生理，而自絶之何哉？「天」字，諸家多不從上文「禮所生」來說；惟《章句》以爲親親之殺、尊賢之等皆天理也，蓋本《虞書》「天秩有禮」。秩者，尊卑貴賤、等級隆殺之品秩也。此所謂「等殺」，即《書》所謂「秩」；此所謂「天」，即「天秩」之天。學而知天，則能明其所以然者，修身、親親、尊賢必能盡其所當然者矣。上文「修道以仁」，即是率性之道；此「天」字，即是天命之性。但天命之性，是渾然者；此從等殺上說，是粲然者。然其粲然者，即其渾然者，亦非有二天也。

天下之達道五，所以行之者三。曰君臣也，父子也，夫婦也，昆弟也，朋友之交也：五者天下之達道也。知、仁、勇三者，天下之達德也，所以行之者一也。知，去聲。

達道者，天下古今所共由之路，即《書》所謂「五典」，孟子所謂「父子有親、君臣有義、夫婦有別、長幼有序、朋友有信」是也。知，所以知此也；仁，所以體此也；勇，所以强此也。謂之達德者，天下古今所同得之理也。一，則誠而已矣。達道雖人所共由，然無是三德，則無以行之；達德雖人所同得，然一有不誠，則人欲間之，而德非其德矣。程子曰：「所謂誠者，止是誠實此三者。三者之外，更別無誠。」《語録》：知屬知，行屬仁，勇是勇於知、勇於行。三者「勇」本是没緊要底事，然知、仁了，不是勇便行不到。○問：「《中庸》說知、仁、勇，把知做劈初頭說，可見知是緊要。《孟子》四端，何爲以『知』爲後？」曰：「孟子只循環說。知本來藏仁、義、禮。如元亨利貞，貞是知，貞却藏元、亨、利；春夏秋冬，冬是知，冬却藏春生、夏長、秋成意思在裏面。」○智、仁、勇是做事底，誠是行此三者都要實。○饒氏曰：天下之達道五，便是「修身以道」；天下之達德三，便是事親之「仁」、知天之「知」，此節只添箇「勇」字。○蔡氏曰：「達道」本於「達德」，而「達德」又本於「誠」。誠者，一貫乎達道、達德之中者也。○真氏曰：道雖人所共由，然其知不足以及之，則君之當仁、臣之當敬、子之當孝、父之當慈，未必不昧其所以然。知雖及之，而仁或不能守；仁雖能守，而勇不能斷，則於當行之理，或奪於私欲、或蔽於利害，以至滅天常而敗人紀者多矣。德雖人所同得，然或勉强焉、或矯飾焉，則知出於術數、仁流於姑息、勇過於强暴，而德非其德矣。故行之必本於誠。○《通》曰：《虞書》曰「五教」、曰「五典」，未嘗列五者之目；至此則曰「天下之達道五」，始列其目言之。蓋曰「天叙有典」，是言天命之性不離此五者；曰「敬敷五教」，是言修道之教不離此五者；此曰「達道」，是言率性之道不離此五者。夫子對哀公，先君臣；孟子論人倫，先父子。

或生而知之，或學而知之，或困而知之，及其知之，一也。或安而行之，或利而行之，或勉强而行之，及其成功，一也。」强，上聲。

知之者之所知，行之者之所行，謂達道也。以其分去聲**而言：則所以知者，知也；所以行者，仁也；所以至於知之、成功而一者，勇也。以其等而言：則生知、安行者，知也；學知、利行者，仁也；困知、勉行者，勇也。**《語録》：生知、安行，以知爲主；學知、利行，以仁爲主；困知、勉行，以勇爲主。○生知、安行，主知而言，不知如何行？安行者，只是安而行之，不用着力；然須是知得，方能行得。學知、利行，主行而言，惟是學而知得；然須是着意去力行，則所學而知者，不爲徒知也。○問：「諸説皆以生知、安行爲仁，學知、利行爲知，先生獨反是，何也？」曰：「《論語》説『仁者安仁，知者利仁』，與《中庸》説『知、仁、勇』意思自别。生知、安行，便是仁在知中。學知、利行，便是仁在知外。既是生知，必能安行，所謂仁在知中；若是學知，便是知得淺，須是力行，方始至仁處，所謂仁在知外。」○饒氏曰：生知、安行，隱然之勇；學知、利行，非勇不可到；蓋困知、勉行，全是勇做出來。

蓋人性雖無不善，而氣禀有不同者，故聞道有蚤莫，行道有難易，然能自强不息，則其至一也。呂氏曰：「所入之塗雖異，而所至之域則同，此所以爲中庸。若乃企生知、安行之資爲不可幾及，輕困知、勉行謂不能有成，此道之所以不明、不行也。」《語録》：今之學者，本是困知、勉行底資質，却要效他生知、安行底工夫。便是生知、安行底資質，亦用下困知、勉行底工夫；況是困知、勉行底資質。○〔《通》曰〕：按，饒氏謂《章句》既以其分言，又以其等言，頭緒太多；愚觀之，極是要簡。蓋以其分，則智主知，仁主行，勇則至於知之、成功一也。以其等，則「生知、安行者，智也」，此智字亦主知而言，言必生知然後可以安行也；「學知、利行者，仁也」，此仁字亦主行而言，雖學而知尤貴於利而行也；「困知、勉行者，勇也」，即其所以知之、成功而一者也。雖分兩節，實是一意。但以其分而言，是說知行之屬有先後，横說；以其等而言，是說氣質之屬有高下，直說。「至於知之、成功而一」，是知行之功足以變化氣質。天命之性本一也，至是則不見其氣質之不一者，惟見其天命之本一者矣。知、行之不可不勇也如此夫。

子曰：「好學近乎知，力行近乎仁，知恥近乎勇。」好、「近乎知」之知，並去聲。

「子曰」二字衍文。○此言未及乎達德而求以入德之事。真氏曰：好學，所以明經。力行，所以進道。知恥，所以立志。能於是三者用其功，則所謂「三達德」者，庶乎可漸致矣。

通上文三知爲知，三行爲仁，則此三近者，勇之次也。節齋蔡氏曰：三「知」主知，三「行」主仁，三「近」主勇。生知者，知之知也；學知者，仁之知也；困知者，勇之知也。安行者，仁之仁也；利行者，知之仁也；勉行者，勇之仁也。好學者，知之勇也；力行者，仁之勇也；知恥者，勇之勇也。

吕氏曰：「愚者自是而不求，自私者徇人欲而忘反，懦者甘爲人下而不辭。故好學非知，然足以破愚；力行非仁，然足以忘私；知恥非勇，然足以起懦。」方氏曰：問：「吕氏元本云：『自私者，以天下非吾事。』朱子改之曰：『自私者，徇人欲而忘反。』如何？」曰：「吕氏以公爲仁，有我爲不仁；力行雖未是仁，然足以去我。朱子以純乎天理爲仁，有欲便是不仁；力行足以去欲，故近仁。吕氏就愛上、用上説仁，朱子就本體上説仁也。」○饒氏曰：困知、勉行者，以不及學知、利行者爲恥；學知、利行者，以不及生知、安行者爲恥。○《通》曰：達德自是人所同得之理，而此復以其「近」者言之，誘人之進也。蓋雖昏惰之極，亦未有不可進者，但患無恥耳。周子曰：「必有恥則可教。」侯氏曰：「知恥非勇也，能恥不若人，則勇矣。嗚呼！今之學者一何悠悠如此，豈非無恥之甚者哉？」

知斯三者，則知所以修身；知所以修身，則知所以治人；知所以治人，則知所以治天下國家矣。

斯三者，指「三近」而言。人者，對己之稱。「天下國家」，則盡乎人矣。言此以結上文「修身」之意，起下文「九經」之端也。《通》曰：黄氏云：「此章當一部《大學》。」《大學》以修身爲本，此章自首至此，皆以修身爲要。上文言修身而曰「不可不知天」者，即《大學》逆推修身之工夫，至於格物、致知者也；此言修身而曰「治人」、「治天下國家」者，即《大學》順推修身之功效，至於家齊、國治、天下平者也。

凡爲天下國家有九經，曰：修身也，尊賢也，親親也，敬大臣也，體群臣也，子庶民也，來百工也，柔遠人也，懷諸侯也。

經，常也。建安游氏曰：經者，其道有常而不可易，其序有條而不可紊。○倪氏曰：經者，常也，即所謂「庸」也。**體，謂設以身處其地而察其心也。子，如父母之愛其子也。柔遠人，所謂「無忘賓旅」者也。**陳氏曰：遠人，非四夷之謂，如商賈賓旅之人，皆是離其家鄉而來，須寬柔恤之。**此列九經之目也。呂氏曰：「天下國家之本在身，故修身爲九經之本。然必親師友，然後修身之道進，故尊賢次之。**北山陳氏曰：下文既有「大臣」、又有「群臣」，而此又有「尊賢」之別者。蓋此所謂「尊賢」者，非「臣」之謂，正《書》所謂「能自得師」，《禮》所謂「當其爲師則不臣」者也。

道之所進，莫先其家，故親親次之。由家以及朝廷，故敬大臣、體群臣次之。由朝廷以及其國，故子庶民、來百工次之。由其國以及天下，故柔遠人、懷諸侯次之。此九經之

序也」。視群臣猶吾四體，視百姓猶吾子，此視臣、視民之别也。《通》曰：哀公問政，夫子首以修身、親親、尊賢告之；至此列陳「九經」，亦不過三者之推耳。尊賢、親親者，「修身」之推；敬大臣、體群臣、懷諸侯，自「尊賢」而推之；子庶民、來百工、柔遠人，自「親親」而推之耳。《章句》獨釋「體」字，曰「謂設以身處其地而察其心也」，比吕氏「視吾四體」之「體」，則愈密矣。蓋群臣相去疏遠，休戚不相知，必如以身處其地而察其心，則可耳。庶民相去尤遠，休戚愈不可知，必如父母之愛其子，乃可爾。「體」字、「子」字，皆「心誠求之」者也。《章句》訓之尤切。

修身則道立，尊賢則不惑，親親則諸父昆弟不怨，敬大臣則不眩，體群臣則士之報禮重，子庶民則百姓勸，來百工則財用足，柔遠人則四方歸之，懷諸侯則天下畏之。

此言九經之效也。道立，謂道成於己而可爲民表，所謂「皇[二]建其有極」是也。不惑，謂不疑於理。不眩，謂不迷於事。敬大臣則信任專，而小臣不得以間之，故臨事而不眩也。來百工，則通功易事，農末相資，故財用足。《語録》：既有箇國家，則百工所爲皆少不得。若百工聚，則事事皆有，豈不足以足財用？如織紝可以足布帛，工匠可以足器皿之類。○饒氏

[二]「皇」，「通志堂」本與《薈要》本皆脱，據《四庫》本補。

曰：「財用」是兩字：財，是貨財；用，是器用。一人之身，豈能百工之所爲備？如農夫之耕，農器缺一不可，農得用以生財，工得財以贍用。推此一事，便見農工相資，上下俱足。

柔遠人，則天下之旅皆悦而願出於其塗，故四方歸。懷諸侯，則德之所施者博，而威之所制者廣矣，故曰「天下畏之」。《語録》[一]：勸者，所以致吾親愛之心，而慰悦其意也。「親親」，似多一字；然非大義所繫，不必深論也。○[《通》]曰：道，即前五者天下之達道；立，是吾身於此五者各盡其道，而民皆於吾身取則也。《章句》以爲即是「皇建其有極」：皇極建而九疇叙，君道立而九經行，其旨一也。章首「修身」之後繼以「親親」，而此繼以「尊賢」，蓋尊賢尤與修身相關：修身，則道成於己；尊賢，則見道分明而無疑。《章句》曰「此九經之效也」，「道立」是「修身」之效，以下皆「道立」之效。

齊明盛服，非禮不動，所以修身也；去讒遠色，賤貨而貴德，所以勸賢也；尊其位，重其禄，同其好惡，所以勸親親也；官盛任使，所以勸大臣也；忠信重禄，所以勸士也；時使薄斂，所以勸百姓也；日省月試，既稟稱事，所以勸百工也；送往迎來，嘉善而矜不能，所以柔遠人也；繼絶世，舉廢國，治亂持

[一] 據其所釋，疑屬下節。

危，朝聘以時，厚往而薄來，所以懷諸侯也。齊，側皆反。去，上聲。遠、好、惡、斂，並去聲。既，許氣反。稟，彼錦、力錦二反。稱，去聲。朝，音潮。

此言九經之事也。官盛任使，謂官屬衆盛，足任使令也。蓋大臣不當親細事，故所以優之者如此。忠信重祿，謂待之誠而養之厚，蓋以身體之，而知其所賴乎上者如此也。既，讀曰餼。餼稟，稍去聲食也。稱事，如《周禮》稾人職曰「考其弓弩，以上下其食」是也。《語録》：問：「餼稟。」曰：「餼，牲餼也。如今官員請受，有生羊肉。稟，即稟給，折送錢之類是也。」

往則爲之授節以送之，《語録》：問：「授節以送其往，何也？」曰：「遠人來，至去時，有節以授之，過所在爲照。如漢之出入關者用繻，唐謂之『給過所』是也。」

來則豐其委去聲積音恣以迎之。委積，畜聚也。《周禮》「遺人掌牢禮、委積」注云：「委積，謂牢米薪芻給賓客。」又《司徒》注：「少曰委，多曰積。」

朝，謂諸侯見於天子。聘，謂諸侯使大夫來獻。《王制》：「比年一小聘，三年一大聘，五年一朝。」厚往薄來，謂燕賜厚而納貢薄。《通》曰：前二章説祭祀之禮，此章從親親、尊賢、等殺處説禮。「禮」字極精微，今又就修身上説禮，尤爲嚴密。只看此一「禮」字，上下三章文不相屬而意實相承如此：「齊明」是潛心以居、對越上帝，「盛服」是正其衣冠、尊其瞻視，皆靜而敬也，即首章「戒慎」、「存養」之事。非禮不動，動而敬也，即首章「慎獨」、「省察」之事。自修身而推之尊賢親親，此敬也；自尊賢親親而推之貴賤、親疏、大小遠近，無不在一敬心流行中。如《堯典》載堯「克明俊德」以至「於變時雍」，必先一「欽」字；《臯陶謨》自「身修」至「邇可遠，在茲」，必先一「慎」字；《論語》言「修己以安百姓」，必先一「敬」字。《章句》曰「此言九經之事也」，「敬」豈非事之最先者乎？聖賢之學，未有不先由乎敬而能至於誠也。

凡爲天下國家有九經，所以行之者一也。

一者，誠也。一有不誠，則是九者皆爲虛文矣。此九經之實也。 潘氏曰：三德「行之者一」，所以實其德；九經「行之者一」，所以實其事。○《通》曰：修身不實，則欲得以間理；尊賢不實，則邪得以間正；親親不實，則疏得以間親，推之莫不皆然。

凡事豫則立，不豫則廢。言前定則不跲，事前定則不困，行前定則不疚，道前定則不窮。 跲，其劫反。行，去聲。

凡事，指達道、達德、九經之屬。豫，素定也。跲，躓音至**也。** 趙氏曰：躓者，礙不行也。**疚，病也。此承上文，言凡事皆欲先立乎誠，如下文所推是也。**《語録》：言前定則不跲，句句著實，不脱空也；纔有一語不實，便説不去。事前定則不困，閒時不曾做得，臨時自是做不徹，便至於困。行前定則不疚，若所行不曾定，臨時便易得屈折枉道以從人矣。「道前定則不窮」一句又包得大，連上三句都包在裏面，是有箇妙用，千變萬化而不窮之謂。○項氏曰：言「誠」而必言「豫」者，教人素學之也。知之素明，行之素熟，而後出之則不窮矣。○《通》曰：上文言五達道、三達德、九經之所以行，此則總言凡事之所以立：「立」與「行」自分體用。蓋曰是誠也，非一朝一夕之故，戒懼慎獨，養之者有素矣。如此則先立乎誠，而後事可立，可立則可行矣。《章句》以「先立」二字釋「前定」，二「事」正與上二「行」字相應。

在下位不獲乎上，民不可得而治矣。獲乎上有道：不信乎朋友，不獲乎上矣。信乎朋友有道：不順乎親，不信乎朋友矣。順乎親有道：反諸身不誠，不順乎親矣。誠身有道：不明乎善，不誠乎身矣。

此又以在下位者推言素定之意。反諸身不誠，謂反求諸身而所存、所發未能真實而無妄也。不明乎善，謂未能察於人心、天命之本然，而真知至善之所在也。《語録》：反諸身，是反求於心。不誠，是不曾實有此心。如事親以孝，須是實有這孝之心，若外面假爲孝之事，裏面却無孝之心，便是不誠矣。○東萊吕氏曰：此章一句緊一句。今之人其於事親從兄、事上交友之際，固有時乎中理，然有時又差了。蓋雖到九分九厘，僅有一毫差，則併前都差。如行九十九里，忽差路頭，則都不濟事。此所以要明善，明善要明得盡。○饒氏曰：前言「思修身，不可以不事親」，此曰「身不誠，不順乎親」。以入德之本言，則修身必先事親；以成德之效言，則身誠然後親順。○

《通》曰：此以在下位者言，見得上文「九經」是在上位者。中庸之道通，上下皆當行也。故上言尊賢，此則言信乎朋友；上言親親，此則言順親；上言修身，此則言誠身：其道一也。先儒云：「此一章當一部《大學》。」誠身，是包《大學》誠意、正心、修身三節。而言心是所存，意是所發，故《章句》釋誠身，必兼「所存」、「所發」而言。善，即是天命之性，故《章句》以「人心、天命之本然」者釋之。上文曰「知天」，而此曰「明善」，天命無有不善，而學者當知夫「至善」之所在，是即《大學》所謂格物、致知也。天不可不知，善不可不明，又見三德必以「知」爲先也。

誠者，天之道也；誠之者，人之道也。誠者，不勉而中，不思而得，從容中道，聖人也。誠之者，擇善而固執之者也。中，並去聲。從，七容反。

此承上文「誠身」而言。誠者，真實無妄之謂，天理之本然也。誠之者，未能真實無妄，而欲其真實無妄之謂，人事之當然也。聖人之德，渾然天理，真實無妄，不待思、勉而從容中道，則亦天之道也。未至於聖，則不能無人欲之私，而其爲德不能皆實。故未能不思而得，則必擇善，然後可以明善；未能不勉而中，則必固執，然後可以誠身，此則所謂人之道也。《語録》：「誠之者，人之道」，看「誠之」二字，只是「固執」意思；然下文必先説「擇善」，然後可以「固執」也。○北山陳氏曰：善而不擇，則有誤認人欲爲天理者矣；執之不固，則天理有時奪於人欲。

不思而得，生知也。不勉而中，安行也。擇善，學知以下之事。固執，利行以下之事也。

饒氏曰：不勉而中，安行之仁也；不思而得，生知之知也；從容中道，自然之勇也。今有百鈞於此，一人談笑而舉之，力有餘也；一人竭蹷而不能舉，力不足也。然則聖人之於道也，衆皆勉强，而已獨從容，非天下之大勇乎？「擇善」近知，「固執」近仁，而勇在其中。論「誠者」，則先仁而後知，以成德之序言也；論「誠之」者，則先知而後仁，以入德之序言也。○《通》曰：《章句》曰「此承上文誠身而言」，蓋自此以前，直言「誠」者二：十六章言「誠之不可掩」，是以天道言誠；上文曰「誠身」，是以人道言誠。所以於此總兩者言之，曰「誠者，天之道；誠之者，人之道」；而下數章又以天道、人道分言之也。「不勉而中」者，安行之仁；不思而得者，生知之知；從容中道者，自然之勇。此以上皆言知、仁、勇，學者入德之事；此以下兼言知、仁、勇，聖人成德之事。《論語》曰「知者不惑，仁者不憂，勇者不懼」，學之序也，此以上見之；又曰「仁者不憂，知者不惑，勇者不懼」，德之序也，此以下見之。下章盡性，仁也；前知，知也；無息，勇也。博厚，仁也；高明，知也；悠久，勇也。如地之持載，仁也；如天之覆幬，知也；如日月之代明、四時之錯行，勇也。往往皆言仁、知、勇，而於此始焉。至論學知、利行之事，「擇善」爲知，「固執」爲仁，又依舊先知而後仁，其所以開示學者至矣。

博學之，審問之，慎思之，明辨之，篤行之。

此「誠之」之目也。學、問、思、辨，所以擇善而爲知，學而知也。篤行，所以固執而爲

仁，利而行也。程子曰：「五者廢其一，非學也。」《語録》：是五者無先後，有緩急。不可謂博學時，未暇審問；審問時，未暇慎思；慎思時，未暇明辨；明辨時，未暇篤行。五者從頭做將去，初無先後也。○陳氏曰：擇善，有博學、審問、慎思、明辨工夫，是儘用工多；固執，只有篤行一件工夫。是擇善處須能知之，則到行處工夫自易也。○項氏曰：學而又問，則取於人者詳；思而又辨，則求於心者精。如是而後可以行矣。○饒氏曰：人言「知之非艱，行之惟艱」，要之知最艱。「學」、「問」、「思」、「辨」四者，方做得箇知；若知得，却只消行去。

有弗學，學之，弗能弗措也；有弗問，問之，弗知弗措也；有弗思，思之，弗得弗措也；有弗辨，辨之，弗明弗措也；有弗行，行之，弗篤弗措也。人一能之，己百之；人十能之，己千之。

君子之學，不爲則已，爲則必要其成，故常百倍其功。此困而知、勉而行者也，勇之事也。饒氏曰：擇善固執，非勇不可；且五「弗措」，皆是勇。故《章句》以「擇」、「執」分屬焉。又曰：五「弗措」，皆爲困知、勉行者設。○虚氏曰：他人一能之，己當百以及之；他人十能之，己當千以及之。蓋騏驥一日千里，駑十駕亦將千里也。○《通》曰：「有弗學，學之」，「之」字當句絶。蓋以上文「博學之」五「之」字，下文「人一能之」四「之」字例，當句絶也。况五「之」句絶，尤爲有力。「博學之」以下，是學而知之者；「有弗學，學之」，是困而知之者。「篤行之」，是利而行之者；「有弗行，行之」，是勉强而行之者。由「弗能弗措」至「弗篤弗措」，是困知、勉行之勇也。

果能此道矣，雖愚必明，雖柔必强。

明者，擇善之功；强者，固執之效。呂氏曰：「君子所以學者，爲能變化氣質而已。德勝氣質，則愚者可進於明，柔者可進於强；不能勝之，則雖有志於學，亦愚不能明、柔不能立而已矣。蓋均善而無惡者，性也，人所同也；昏明、强弱之稟不齊者，才也，人所異也。誠之者，所以反其同而變其異也。夫以不美之質，求變而美，非百倍其功，不足以致之。今以鹵莽滅裂之學，或作或輟，以變其不美之質；及不能變，則曰天質不美，非學所能變。是果於自棄，其爲不仁甚矣！」《語録》：某年十五六時，見呂與叔解得此段痛快，讀之未嘗不悚然警厲奮發。人若有向學之志，須是如此做工夫方得。○《通》曰：前曰「鮮能」、曰「不可能」，此能「百倍其功」，則「果能此道矣」。雖愚必明，亦可謂「知」矣，充之而義精可也；雖柔必强，亦可謂「仁」矣，充之而仁熟可也。以此見得中庸非不可能，能之者在乎人；人之所以能之者，在乎勇。

右第二十章。

此引孔子之言，以繼大舜、文、武、周公之緒，明其所傳之一致，舉而措之，亦猶是爾。陳氏曰：前説舜、文、武、周公能盡中庸之道，此説孔子能盡中庸之道，子思引此以明道統之傳。〇《通》曰：「舉而措之，亦猶是者」，蓋上章所述舜、文、武、周公，皆是舉而措之之事；此引孔子之言，謂所傳一致，使得舉而措之，則亦猶是爾。然第十七章言舜，第十八章、十九章言文、武、周公，第二十章述夫子之言，猶是分而言之；至三十章合而言之，曰「仲尼祖述堯舜，憲章文武」，則愈見其所傳之一致矣。

蓋包費隱、兼小大，以終十二章之意。章内語誠始詳，而所謂誠者，實此篇之樞紐也。又按：《孔子家語》亦載此章，而其文尤詳。「成功一也」之下，有「公曰：子之言美矣！至矣！寡人實固，不足以成之也。」故其下復以「子曰」起答辭。今無此問詞，而猶有「子曰」二字，蓋子思删其繁文以附于篇，而所删有不盡者，今當爲衍文也。「博學之」以下，《家語》無之，意彼有闕文，抑此或子思所補也歟？

中庸卷中

中庸下

朱子章句

後學　胡炳文　通

二十一章

自誠明，謂之性；自明誠，謂之教。誠則明矣，明則誠矣。

自，由也。德無不實而明無不照者，聖人之德。所性而有者也，天道也。先明乎善，而後能實其善者，賢人之學。由教而入者也，人道也。誠則無不明矣，明則可以至於誠矣。

《語録》：以誠而論明，則誠明合而爲一；以明而論誠，則誠明分而爲二。○葉氏曰：「謂之性」者，全於天之賦予；「謂之教」者，成於己之學習。○北山陳氏曰：「自誠明」者，由其内全所得之實理以照事物，如天開日明，自然無蔽，此「性」之所以名，天之道也；「自明誠」者，由窮理致知去其私欲，以復全其所得之實理，必由學而能，此「教」之所以立，人之道也。「自誠明」者，誠即明也，非曰誠而後至於明；「自明誠」者，尚須由明而後至於誠。雖然，及其成功一也。○顧氏曰：誠則明矣，此「明」字譬知太虛纖翳不生，萬象呈露；明則誠矣，此「明」字晨光既升，陰邪屏息，太虛湛然。○熊氏曰：首章言性、道、教，「道」之一字，前章備言，此但言「性」與「教」。誠明謂之性，生知、安行之事，先仁而後知；明誠謂之教，學知、利行之事，先知而後仁。○《通》曰：此「性」即天命之性，但天命之性人、物所同；此則性之者也，聖人所獨。此「教」即修道之教，但教是聖人事；此則由教而入，學者事也。張子曰：「誠則至於明，明則至於誠。」程子曰：「誠則至於明，此一句未穩。」所以《章句》曰：「誠則無不明矣，明則可以至於誠矣。」

右第二十一章。子思承上章夫子天道、人道之意而立言也。自此以下十二章，皆子思之言，以反覆推明此章之意。饒氏曰：此章指人道可至於天道，合天人而一之也。此下二章，下章「至誠盡性」章言天道，「致曲」章言人道，而末合之曰「唯天下至誠爲能化」。此下二章，又分別天道、人道；到「至誠無息」章，只説天道不説人道，蓋人道至此與天道一。

二十二章

唯天下至誠，爲能盡其性；能盡其性，則能盡人之性；能盡人之性，則能盡物之性；能盡物之性，則可以贊天地之化育；可以贊天地之化育，則可以與天地參矣。

天下至誠，謂聖人之德之實，天下莫能加也。盡其性者，德無不實，故無人欲之私，而天命之在我者，察之、由之，巨細精粗，無毫髮之不盡也。人物之性亦我之性，但以所賦形氣不同而有異耳。能盡之者，謂知之無不明而處之無不當也。贊，猶助也。與天地參，謂與天地並立爲三也。此自誠而明者之事也。

《語録》：問：「盡性，即《孟子》盡心否？」曰：「盡心，是就知上説；盡性，是就行上説。能盡得真實本然之全體，是盡性；能盡得虚靈知覺之妙用，是盡心。盡性、盡心之『盡』，不是做工夫之謂。蓋言上面工夫已至，至此方盡得耳。」○盡己之性，如在君臣則義、在父子則親、在兄弟則愛之類；盡人之性，如黎民於變時雍，各得其所；盡物之性，如鳥獸魚鱉咸若。如此，則可以贊天地之化育矣。皆是實事。○贊天地之化育，人在天地中間，雖只是一理；然天人所爲各自有分，人做得底，有天却做不得。如天能生物，而耕必用人；水能潤物，而灌必用人；火能熯物，而薪爨必用人。財成輔相皆人，非「贊」而何？○饒氏曰：或問：「首章工夫甚密，此章只是盡性功效，然却推到贊化育、參天地，似大於天地位、萬物育，何也？」曰：「只是一般。至誠，便是致中和；贊化育，便是天地位、萬物育。」○《通》曰：天命之性，本真實而無妄。故聖人之心，真實無妄之至，始於本然之性爲能盡耳，非有所加也。盡，兼知、行而言。「察之」者，如舜「明於庶物，察於人倫」是也；「由之」者，如舜「由仁義行，非行仁義」是也。察之無不盡，故於人、物知之無不明；由之無不盡，故於人、物處之無不當。「人、物之性，亦我之性」，聖人之盡之，亦非有加也。天地能賦人、物以性，不能使人、物各盡其性；聖人能盡之，則可以贊天地之化育，而可與天地參而爲三矣。夫人皆立乎天地之中，則皆可參之爲三才者也，而此獨曰「可與天地參」，何哉？雖言聖人事，有人心者宜於此焉悟矣。

右第二十二章。

言天道也。

二十三章

其次致曲，曲能有誠，誠則形，形則著，著則明，明則動，動則變，變則化，唯天下至誠爲能化。

其次，通大賢以下，凡誠有未至者而言也。致，推致也。曲，一偏也。《語録》：至誠盡性，則全體著見；次於此者，未免爲氣質所隔。只如人氣質温厚，其發見者必多是仁；氣質剛毅，其發見者必多是義。隨其善端發見，便就上推致以造其極，非是止就其發見一處推致之也。○曲不是全體，只是一偏之善；就一偏之善，能一一推之以至乎其極，則能貫通乎全體矣。○問：「顔、曾以下皆是致曲？」曰：「顔子體段已具，曾子却是致曲，一一推之，至答一貫之時，則渾全矣。」○問：「『曲能有誠』，若此句屬上句意，則曲是能有誠；若屬下句意，則曲若能有誠。二意不知孰穩？」先生曰：「曲也是能有誠，但要之不若屬下句意。」

形者，積中而發外。著，則又加顯矣。明，則又有光輝發越之盛也。動者，誠能動物。變者，物從而變。化，則有不知其所以然者。《語録》：動，是方感動他。變，則已改其舊，然尚有痕瑕在。化，則都消化了。○陳氏曰：自形、著，至變、化，以致曲之效言之。

蓋人之性無不同，而氣則有異，故惟聖人能舉其性之全體而盡之。其次則必自其善端發見之偏，而悉推致之，以各造其極也。曲無不致，則德無不實，而形、著、動、變之功自不能已。積而至於能化，則其至誠之妙，亦不異於聖人矣。

王氏曰：孟子曰：「至誠未有不動者，不誠未有能動者也。」蓋發明子思意也。動則變，使之改不善而從善也；變則化，使之遷善遠罪而不知爲之者也。變，則改易之迹顯；化，則陶染之功深。能化，雖與至誠相似；然至誠之化，無待乎明而動、動而變、變而後化也。故「立之斯立，道之斯行，綏之斯來，動之斯和」，唯夫子能之。

○《通》曰：有天命之性，有氣質之性：上章「能盡其性」者，天命之性本自完全，而聖人能全之也；此所謂「致曲」者，氣質有偏，故善端之發，亦不能無偏也。《章句》「德無不實」，凡三言之，意亦相承。上章爲誠者言，此爲能有誠者言。必曰「曲無不致，則德無不實」者，蓋非如伯夷偏於清，極其至，不過成就「清」之一字而已。幾所發之偏，無不推致之，如孟子所謂「凡有四端者，知皆擴而充之」是也。特曰「端」，則於其發之初即推之；曰「曲」，則於其發之偏悉推之爾。

右第二十三章。

言人道也。

二十四章

至誠之道，可以前知。國家將興，必有禎祥；國家將亡，必有妖孽。見乎蓍龜，動乎四體。禍福將至：善，必先知之；不善，必先知之。故至誠如神。見，音現。

禎祥者，福之兆。妖孽者，禍之萌。蓍，所以筮。龜，所以卜。四體，謂動作威儀之間，如執玉高卑，其容俯仰之類。《左傳·定公十五年》：「邾隱公來朝。邾子執玉高，其容仰。公受玉卑，其容俯。子貢曰：『以禮觀之，二君皆有死亡焉。』」是年，定公薨。哀公七年，魯伐邾，以邾子益來。

凡此，皆理之先見者也。然唯誠之至極，而無一豪〔一〕私僞留於心目之間者，乃能有以察其幾焉。神，謂鬼神。饒氏曰：「『禎』與『妖』，衆人皆知之；『祥』與『孽』，是兆朕之微，衆人安得而知之？蓋衆人不誠，故不知其所當知；君子存誠，僅知所當知；聖人至誠，不特知衆人之所當

〔一〕「豪」，當作「毫」。底本與校本皆誤，據文意改。

知，又知衆人之所未知。或問：「見乎蓍龜，卜一事則可以知一事之吉凶，亦恐非人所難知之事。」曰：「若只是卜一事而知一事，此固易然；有卜此事而他事亦見於此者，則非衆人之所能知也。」○【《通》曰】：禎祥者，興之幾，而「祥」又「禎」之幾；妖孽者，亡之幾，而「孽」又「妖」之幾。蓍龜四體，莫不有善、不善之幾。知幾其神，至誠者能之，即《通書》所謂「無欲故靜虛，靜虛則明，明則通」，即所謂「誠精故明，神應故妙，幾微故幽。誠神幾，曰聖人」。但《通書》所謂神，以妙用謂之神；此所謂如神，以功用謂之鬼神。言「誠」自第十六章始，彼言誠者，鬼神之所以爲鬼神；此則言聖人之至誠，聖人之所以如鬼神也。誠即是神，而子思姑以「如神」言，與十六章文不相屬，而意實相承也。

右第二十四章。

言天道也。

二十五章

誠者，自成也；而道，自道也。「道也」之道，音導。

誠者，物之所以自成；而道者，人之所當自行也。誠以心言，本也；道以理言，用也。

《語録》：「『誠者，自成也；而道，自道也。』上句是孤立懸空説。蓋有是實理，則有是天；有是實理，則有是地。凡物都是如此，故云『誠者自成』，蓋本來自成此物。到得『道自道』，便是有這道在這裏，人若不自去行，便也空了。」又問：「既説『物之所以自成』，下文又云『誠以心言』，莫是心者物之所存主處否？」曰：「『誠以心言』，是就一物上説。凡物必有是心，有是心，然後有是事。」○誠者，是箇自然成就底道理，不是人去做作安排底物事。道，却是箇無情底，却須是人自去行始得。○誠者自成，如這箇草樹所以有許多根、株、枝、葉、條、幹，皆是自實有底；如人便自有耳、目、鼻、口、手足、百骸，都是你自實有底。道雖是自然底，然却須你自去做始得。○《通》曰：此「誠」字，即是天命之性，是物之所以自成；此「道」字，是率性之道，是人之所當自行。「物之所以自成」，是全不假人爲；「人之所當自行」，爲之全在乎人。「誠以心言，本也；道以理言，用也」，專爲人之所當自行者而言。所以朱子曰：「誠者自成，且是懸空説此一句。」蓋凡天下之物，有此實理，方成此物。若人之所當自行者，無此實心，如何能實此理？故《章句》提起「心」之一字言之。饒氏疑「誠者自成」不必添入一「物」字；誠即道也，似不必分本與用。殊不知程子曰：「誠者，物之終始，猶俗語徹頭徹尾；不誠，更有甚物也。」饒氏之病，正坐於便以誠爲己所自成，而欠一物字。愚謂「誠」有以實理言者，有以實心言者。以實理言，誠即道也，似不必分本與用；以實心言，必實有是心，然後能實有是理。況「誠者，物之所以自成」，本下文「誠者，物之終始」，泛指物之所以自成者言也。「誠以心言」，本下文「不誠無物，君子誠之爲貴」，專指人之有以自成者言也。泛指在物者，則以物之所以自成者爲本，而以人之所當自行者爲用；亦可專指在人者，如下文《章句》所謂「人之心能無不實，乃爲有以自成，而道之在我者亦無不行矣」。若是，則以心之誠爲本，而道之行爲用，又何疑之有？

誠者，物之終始。不誠無物，是故君子誠之爲貴。

天下之物，皆實理之所爲，故必得是理，然後有是物。所得之理既盡，則是物亦盡而無有矣。故人之心一有不實，則雖有所爲亦如無有，而君子必以誠爲貴也。蓋人之心能無不實，乃爲有以自成，而道之在我者亦無不行矣。《語録》：物之終始，皆實理之所爲也；下文言「君子誠之爲貴」，方説人當實乎此理。大意若曰：實理爲「物之終始」，無是理，則無是物，故君子必當實乎此理也。○凡有一物，則其成也，必有所始；其壞也，必有所終。而其所以始者，實理之至而向於有；其所以終者，實理之盡而向於無也。若無是理，則亦無是物矣。○「誠者，物之終始」」，是解「誠者自成」一句；「不誠無物」，已是説「自道」句了。蓋人則有不誠，而理則無不誠者。恁地看，覺得前後文意相應。○《通》曰：《章句》兩「盡」字，是釋「終始」之「終」字。始，是物之起處；終，是物之盡處。發於春，盡於冬，是一年終始；自天地開闢，以至人物消盡，是十二萬九千六百年終始，何莫非實理之爲者？「不誠無物」，當連下一句。蓋在天者，無不實之理，故曰「誠者，物之終始」；在人者，或有不實之心，故曰「不誠無物，而君子以誠之爲貴」。

誠者，非自成己而已也，所以成物也。成己，仁也；成物，知也。性之德也，合外内之道也，故時措之宜也。知，去聲。

誠雖所以成己，然既有以自成，則自然及物，而道亦行於彼矣。仁者，體之存；知者，用之發，是皆吾性之固有，而無内外之殊。既得於己，則見於事者以時措之，而皆得其宜也。《語録》：自「成己」言之，盡己而無一毫之私僞，故曰「仁」；自「成物」言之，因物成就，各得其當，故曰「知」。○問：「成物如何是知？」曰：「須是知運用，方成得物。」○問：「成己，合言知而言仁；成物，合言仁而言知，何也？」曰：「『克己復禮爲仁』，豈不是『成己』？『知周乎萬物而道濟天下』，豈不是『成物』？」○須是仁知具、内外合，然後有箇「時措之宜」。如平康無事之時，是一般處置；倉卒緩急時，又是一般處置。○饒氏曰：知居仁先者，以好學言，入德之知也；知居仁後者，以成物言，成德之知也。○《通》曰：子貢曰「學不厭，知也；教不倦，仁也」，與此言仁、知若異。

朱子以子貢之言主於知，子思之行主於行，故各就其所重而有賓主之分。蓋知主知，仁主行，學與教皆以知言，故先知後仁；知爲體，仁爲用，成己成物皆以行言，故先仁後知。仁爲體，知爲用，二者互爲體用，愈見其皆性中之所有，而無有内外之殊者矣。時措之宜，此一「時」字，即「時中」之「時」。性之德，是未發之「中」；時措之宜，是發而合乎「時中」之「中」。

右第二十五章。

言人道也。

二十六章

故至誠無息。

既無虚假，自無間斷。 陳氏曰：凡假僞底物，久則易間斷，真實則無間斷。○《通》曰：第一句便先之以「故」之一字，承上章而言也。蓋言「誠」自第十六章始，二十章至二十五章言「誠」莫詳焉；此章特因上章言「至誠」之功用，於是以「故」之一字先之。

不息則久，久則徵，

久，常於中也。徵，驗於外也。 《語録》：久然後有征驗，只一日兩日工夫，如何有征驗？

徵則悠遠，悠遠則博厚，博厚則高明。

此皆以其驗於外者言之。鄭氏所謂「至誠之德，著於四方」者是也。 《語録》：此是言聖人功業著見如此，故云「德著於四方」。

存諸中者既久，則驗於外者益悠遠而無窮矣。 方氏曰：悠、遠，其義恐亦有别。曰「悠」，是其勢寬緩而不促迫；「遠」，是長遠。大率功效氣象之促迫者，便不長遠，故以悠遠言。如三代之治，氣象寬緩；五霸之治，氣象促迫。故三代之治長，五霸之治短。如地勢悠緩，則其勢遠；斗峻，則其勢絶，皆是惟悠故遠之義。

悠遠，故其積也廣博而深厚。博厚，故其發也高大而光明。《語録》：吕氏説：「有如是廣博，則其勢不得不高；有如是深厚，則其精不得不明。」此二句甚善，《章句》中雖用他意；然當初只欲辭簡，故反不似他説得分曉。譬如爲臺爲觀，須大做根基，方始上而可以高大。又如萬物精氣蓄於下者深厚，則其發越乎外者自然光明。

博厚，所以載物也；高明，所以覆物也；悠久，所以成物也。

悠久，即悠遠，兼内外而言之也。潘氏曰：久，是久於内；悠，是久於外。○永嘉陳氏曰：不息則久，是誠積於内；徵則悠遠，是誠積於外。下却變文爲「悠久」，則是兼上文内外而言。○饒氏曰：上面「久」字，是指誠而言，便是在内；下面「悠久」，只指功用而言。高明、博厚，皆是見之於外；見得悠久，是指外面底。或問：「悠遠何所指？」曰：「『久則徵，徵則悠遠』，悠遠亦只是發出來底。」

本以悠遠致高厚，而高厚又悠久也。此言聖人與天地同用。《語録》：以存諸中者而言，則悠久在博厚、高明之前；以見諸用者而言，則悠久在博厚、高明之後，此所以爲悠久也。若始初悠久，末梢不悠久，便是不悠久矣。

博厚配地，高明配天，悠久無疆。

此言聖人與天地同體。楊氏曰：配，合也，與《孟子》「配義與道」之「配」同。○定宇陳氏曰：悠久，即博厚、高明之悠久；無疆，即天地之無疆。○陳氏曰：同用，以功言；同體，以德言。

如此者，不見而章，不動而變，無爲而成。見，音現。

見，猶示也。不見而章，以配地而言也。不動而變，以配天而言也。無爲而成，以無疆而言也。饒氏曰：以「不見」指「博厚」，「不動」指「高明」，可以意曉。「無爲而成」與「悠久無疆」，似不相貫，然甚明白。悠久，是貫天地而言；不見、不動，便是無爲。惟其博厚、高明、悠久，所以能成物。不見而章，是品物流形；不動而變，是云行雨施；無爲而成，是各正性命。○《通》曰：無息便是久，久便自然證驗於外。不息則久，是存於中者久也；悠久成物，是驗於外者久也。凡功用，豈無積之博厚、發之高明者？其博厚、高明未必能久；無他，不自真積力久中來也。惟實於中者久，故證於外者亦久。內外，此誠內外；悠久終始，此誠終始悠久。朱子云：「博厚高明，猶人之形體；悠久，猶人之元氣。」有旨哉！上章成己成物，誠之者之事；此悠久成物，誠者之事。上曰「成物」、曰「無疆」、曰「無爲而成」，皆指悠久之成功而言，皆指博厚、高明之悠久而言。

天地之道，可一言而盡也：其爲物不貳，則其生物不測。

此以下，復以天地明「至誠無息」之功用。天地之道，可一言而盡，不過曰「誠」而已。不貳，所以誠也。誠故不息，而生物之多，有莫知其所以然者。節齋蔡氏曰：不貳，則無間斷，所以不息。〇陳氏曰：不貳者，純一之意。自開闢以至於今，其生成萬物無有窮已，蓋莫知所以然。

天地之道：博也，厚也，高也，明也，悠也，久也。

言天地之道，誠一不貳，故能各極其盛，而有下文生物之功。

今夫天，斯昭昭之多，及其無窮也，日月星辰繫焉，萬物覆焉。今夫地，一撮土之多，及其廣厚，載華嶽而不重，振河海而不洩，萬物載焉。今夫山，一卷石之多，及其廣大，草木生之，禽獸居之，寶藏興焉。今夫水，一勺之多，及其不測，黿鼉、蛟龍、魚鼈生焉，貨財殖焉。夫，音扶。華、藏，並去聲。卷，平聲。勺，市若反。

昭昭，猶耿耿，小明也。此指其一處而言之。及其無窮，猶十二章「及其至也」之意，蓋舉全體而言也。振，收也。卷，區也。此四條，皆以發明由其不貳不息，以致盛大而能生物之意。然天、地、山、川，實非由積累而後大，讀者不以辭害意可也。《語録》：管中所見之天，也是天；恁地大底，也只是天。〇舉此全體而言，則其氣象功效自是如此。〇北山陳氏曰：大意蓋言天地聖人，皆得此實理，無有駁雜，無有間斷，故能有此功用耳。〇《通》曰：博厚、高明、悠久，是「至誠無息」之功用，而此復以天地明之也。上文言至誠所以無息，此言不貳所以誠。及列天地山水，則又不言其悠久成物之事，而但言其盛大生物之功。蓋悠久，是無時不然；盛大，是無物不有。既言日新之盛德，必須言富有之大業。蓋所謂「至誠無息」者，即生生之易也。

《詩》云：「維天之命，於穆不已！」蓋曰天之所以爲天也。「於乎不顯，文王之德之純！」蓋曰文王之所以爲文也，純亦不已。於，音烏。乎，音呼。

《詩》，《周頌·維天之命》篇。於，歎辭。穆，深遠也。不顯，猶言豈不顯也。純，純一不雜也。引此以明「至誠無息」之意。程子曰：「天道不已，文王純於天道，亦不已。純，則無二無雜；不已，則無間斷先後。」真氏曰：純，是至誠無一毫人僞。維其純誠無雜，故自然能不已。如天之春而夏、夏而秋、秋而冬，晝而夜、夜而晝，循環運轉，一息不停，以其誠也。聖人之自壯而老，自始而終，無一息之懈，亦以其誠也。既誠，自然能不已。○定宇陳氏曰：「文王之所以爲文」，非把文王之謚來詠狀，乃是「文不在茲乎」之「文」。「道之顯者謂之文」，所謂「豈不顯」者，即此「文」之顯也。○《通》曰：上文論聖人之事，而以天地之道明之，天地與聖人混乎爲一，而不見其分；此引《詩》而釋之，曰「天之所以爲天」，「文王之所以爲文」，若見其分，而結之以「純亦不已」，則又見其混。上文言聖人之至誠無息，而於天地之道曰「不貳」；此言天命之「於穆不已」，而於聖人之德則曰「純」，又互而言之也。純則不貳，不貳所以誠，此文王之所以爲文也，此天之所以爲天也。宜看本文「所以」字，及《章句》「所以」字。

右第二十六章。

言天道也。定宇陳氏曰：章内自「至誠無息」至「博厚則高明」，言聖人之道；自「博厚所以載物」至「無爲而成」，言聖人配天地之道；自「天地之道，可一言而盡」至「貨財殖焉」，專言天地之道；自「維天之命」以下，言聖人之道合乎天之道。○饒氏曰：前章論誠者之仁，而即繼之以誠之者之仁；言誠者之知，而即繼之以誠之者之知。此章論誠者之勇，而下章不復以誠之者之勇言，何也？曰：「誠者不勉而中，不思而得，若無以見其爲勇者，故前章特以『從容中道』言其勇，此章特以『悠久不息』著其勇。若夫誠之者，則非勉無以行，非思無以知；而所謂勇者，已存乎思、勉之中。故前章言其擇善固執，此章言其由致曲以進於有誠，由其自誠而推以成物，皆舉仁與知以見其非勇不能，而不復别以勇言也。」説誠之之功至此，則人道已盡，而其至誠無息，固將與天地爲一。所謂誠則明、明則誠，又奚可以差等言邪？○**《通》曰**：自「哀公問政」章至此，爲四大節。

二十七章

大哉聖人之道！

包下文兩節而言。

洋洋乎！發育萬物，峻極于天。

峻，高大也。此言道之極於至大而無外也。《語録》：問：「聖人之道，發育、峻極。」曰：「即春生夏長，秋收冬藏，便是聖人之道；不成須要聖人使他發育，方是聖人之道？『峻極于天』，只是充塞天地底意思。」又曰：「洋洋，是流動充滿之意。」

優優大哉！禮儀三百，威儀三千。

優優，充足有餘之意。禮儀，經禮也。威儀，曲禮也。此言道之入於至小而無間也。《語録》：禮儀三百，便是《儀禮》中士冠、諸侯冠、天子冠禮之類，此是大節有三百條。如始加、再加、三加，又如坐如尸、立如齊之類，皆是其中之小目。○前既言「大哉聖人之道」矣，而復以「優優大哉」冠於「禮儀」之上者，蓋言道體之大，散於禮儀之末者如此。○饒氏曰：「三百」、「三千」，以道之至小者言；而上句乃以「優優大哉」發之，疑若語大而非語小者。蓋此章本以聖道之大爲言，然不合衆小，則無以成其大。如泰山之高，以衆土之積也；滄海之廣，以衆流之會也。使是道之中包含藴蓄容有一理之不備，亦何以見其爲大之實哉？此「三百」、「三千」，所以雖指至小而言，而其實乃所以形容其大也，安得不以「優優大哉」發之？《章句》「極於至大而無外」，即前章「語大，天下莫能載焉」之意；「入於至小而無間」，即前章「語小，天下莫能破焉」之意。

待其人而後行。

總結上兩節。陳氏曰：道之大處小處，皆須待其人而後行。

故曰：苟不至德，至道不凝焉。

至德，謂其人。至道，指上兩節而言也。凝，聚也，成也。《語録》：「發育」、「峻極」，「三百」、「三千」，甚次第大事，只是一箇人做了。然下面又特地拈出，謂「苟不至德，至道不凝焉」，這兩句最爲要切。須先了得「禮儀三百，威儀三千」，然後到得「發育萬物，峻極於天」處。這一箇「凝」字最緊，若不能凝，則更没些子屬自家，須是凝方得。○《通》曰：朱子曰：「『凝』字最緊。」蓋至道之大小散於萬物萬事，必其人之有至德者，然後能聚之於心也。

故君子尊德性而道問學，致廣大而盡精微，極高明而道中庸。温故而知新，敦厚以崇禮。

尊者，恭敬奉持之意。德性者，吾所受於天之正理。道，由也。温，猶燖音尋**温之温，謂**

故學之矣，復時習之也。敦，加厚也。尊德性，所以存心而極乎道體之大也。道問學，所以致知而盡乎道體之細也。《語録》：如程先生言：「涵養須用敬，進學則在致知。」道之爲體，其大無外，其小無内，無一物之不在焉。故君子之學，既能尊德性以全其大，便須道問學以盡其小。○黄氏曰：存心，則一念全、萬理具；致知，則逐物皆當理會。**二者，修德凝道之大端也。不以一毫私意自蔽，不以一毫私欲自累，**趙氏曰：或疑「不以一毫私意自蔽」，若可以移解「高明」；「不以一毫私欲自累」，若可以移解「廣大」。愚謂雖總説尊德性，亦有先後之序。意者，萌動之始，止可言「蔽」。一爲意所蔽，則廣大處已被窒塞了。欲，則不止於意，而爲物所昏，無所謂高明者矣，所以方可言「自累」。**涵泳乎其所已知，敦篤乎其所已能，此皆存心之屬也。析理則不使有毫釐之差，處事則不使有過不及之謬，理義則日知其所未知，節文則日謹其所未謹，此皆致知之屬也。**《語録》：致廣大，謂心胸開闊，無此疆彼界之殊；極高明，謂無一毫人欲之私以累於此，纔汩於人欲，便卑污矣。○「極高明」是言心，「道中庸」是學底事。立心超乎萬物之表，而不爲物所蔽累，是「高明」；及行事，則恁地細密，無過不及，是「中庸」。温故，只是存得這道理在。厚，是資質樸實；敦，是愈加厚重，是培其本根。有一般人實是敦厚純樸，然或箕踞不以爲非，便是不崇禮。若只去理會禮文而不敦厚，則又無以居之，所以忠信之人，可以學禮。

蓋非存心無以致知，而存心者又不可以不致知。故此五句，大小相資，首尾相應，聖賢所示入德之方，莫詳於此，學者宜盡心焉。《語録》：「尊德性道問學」一句，是綱領；下四句，上截皆是大綱工夫，下截皆是細密工夫。尊德性，故能「致廣大」、「極高明」、「温故」、「敦厚」；道問學，故能「盡精微」、「道中庸」、「知新」、「崇禮」。蓋道體之大處難守，細處又難窮。若有上一截，而無下一截，只管渾淪，更不務致知，則茫然無覺。若有下一截，而無上一截，只管要纖悉皆知，更不去行，則又空無所寄。○《通》曰：讀此者，往往因陳氏謂「存心是力行工夫」，遂疑「高明」、「温故」、「知新」屬知。殊不知《章句》但曰「存心致知」，未嘗曰「力行致知」。朱子不曰「尊德性，所以力行」，而必曰「存心」，何也？《大學補傳》取程子《或問》十二節，即「致知」之事；末後五節，所以涵養本原之地，即「存心」之事也。若謂「存心便是力行」，下文有曰「非存心無以致知」，謂之「非力行無以致知」，可乎？大抵先要看本文「大」字與「尊」字，道體至大，心體本亦至大；尊之，則能存此心之大，所以能極乎此道之大，恐未便說到力行處。竊以爲，存心不過是存其心體之本然者，致知是欲推極夫事理之當然者。心體本自廣大，不以私欲蔽之，即謂之「致」；心體本自高明，不以私欲累之，即謂之「極」。已知者「温」之，而涵泳之味深；已厚者「敦」之，而持守之力固：此皆存其心之本然者也。然心之廣大，自具精微之理；不學，則於理便易有毫釐之差。心之高明，自有中庸之則；不學，則於事易有過不及之謬。「故」之中，有無限新意；不學，則不能知新，雖温故，亦不能以

「盡精微」。敦厚之外，有多少節文；不學，則不能崇禮。雖敦厚，亦不能以「道中庸」。中庸，即是精微之極致；究其極，一而已矣。凡此皆推極夫事理之當然者也。蓋道體極於至大而無外，非淺陋之胸襟所能容，所以不可不存夫心體之本然者；道體入於至細而無間，非粗疏之學問所能悉，所以不可不極夫事理之當然者。要之，存心不大，故用力不「自蔽」、不「自累」，足矣。「涵泳」乎此，「敦篤」乎此，足矣。不必於其中又分知與行。若致知工夫，其中却自兼行而言，非十分細密不可也。或曰：「書以『中庸』名，自第二章以後，提起『中庸』言者凡七，皆孔子之言也。中庸之道在知與行，子思於此以『道中庸』偏爲學問致知之事，何也？」愚謂：「首章子思所言未發之中也，即此所謂『德性』是也；戒慎恐懼，即此所謂『恭敬奉持』之意。其引孔子言中庸，皆已發之中也。擇而行之，莫先於致知，此以『道中庸』屬學問之事，何疑？」曰：「『尊德性』以下，皆有『而』字，見得存心、致知是兩事。末於敦厚崇禮，不曰『而』，而曰『以』，何也？」愚謂：「下『而』字則重在下股，謂存心不可以不致知；下『以』字則重在上股，謂非存心無以致知也。」

是故居上不驕，爲下不倍，國有道，其言足以興，國無道，其默足以容。《詩》曰：「既明且哲，以保其身。」其此之謂與！倍，與背同。與，平聲。

興，謂興起在位也。《詩》，《大雅·烝民》之篇。《語録》：「居上不驕」至「其默足以容」，舉此數事，言大小精粗，一齊理會過，貫徹了後，盛德之效自然如此。

右第二十七章。

言人道也。饒氏曰：此章三節：首言吾道之大，而所以體之者在乎德；次言德根於性，而所以存養者在乎敬，所以充積者在乎學；末言道全德備，則其所以施之於用者，無適而不宜。考之一篇之中，其論學問之道，綱目備而首尾詳，未有過於此章者也。

二十八章

子曰："愚而好自用，賤而好自專，生乎今之世，反古之道。如此者，烖及其身者也。"好，去聲。烖，古災字。

以上孔子之言，子思引之。反，復也。

非天子，不議禮，不制度，不考文。

此以下，子思之言。禮，親疏貴賤相接之體也。度，品制。文，書名。

今天下車同軌，書同文，行同倫。行，去聲。

今，子思自謂當時也。軌，轍迹之度。倫，次序之體。三者皆同，言天下一統也。《語録》：次序，如等威、節文之類。體，如辨上下，定民志，君臣、父子、貴賤、尊卑相接之體皆是。天子制此禮，通天下共行之，故其次序之體，等威節文，皆如一也。

雖有其位，苟無其德，不敢作禮樂焉；雖有其德，苟無其位，亦不敢作禮樂焉。

鄭氏曰：「言作禮樂者，必聖人在天子之位。」《語録》：有位無德而作禮樂，所謂「愚而好自用」；有德無位而作禮樂，所謂「賤而好自專」。居周之世，欲行夏、殷之禮，所謂「反古之道」。道，即「議禮」、「制度」、「考文」之事。「議禮」所以制行，故行同倫；「制度」所以爲法，故車同軌；「考文」所以合俗，故書同文。

子曰：「吾說夏禮，杞不足徵也；吾學殷禮，有宋存焉；吾學周禮，今用之，吾從周。」

此又引孔子之言。杞，夏之後。徵，驗[一]**也。宋，殷之後。三代之禮，孔子皆嘗學之而能言其意；但夏禮既不可考證，殷禮雖存，又非當世之法，惟周禮乃時王之制，今日所用。孔子既不得位，則從周而已。**《語録》：言「有宋存焉」，便見杞都無了。如今《春秋傳》中，宋猶有些小商禮在。○饒氏曰：此章爲在下位者言，故於賤者特詳，而末引孔子作箇樣子。或問：「『今用之，吾從周』，想是不敢議禮，但從周而已？」曰：「當今之世用周禮，吾亦從周禮。蓋有德無位，不敢作禮樂也。」又曰：「此章雖說在下之人，却兼說了在上之人底事；下章雖說在上之人，然辭婉意微，不敢明言其有位而無德。」○《通》曰：孔子所學周禮，即周公所制之禮。第十八、

[一]「驗」，今本《四書章句集注》作「證」。

十九章言周公制周之禮，有其位而有其德也；此章言孔子從周之禮，有其德無其位者也。章末數語，較之《論語》有二疑：《語》曰「夏禮吾能言之，杞不足征也；殷禮吾能言之，宋不足征也」，此曰「杞不足征」，而「有宋存焉」。豈非以春秋之時，杞去夏已遠，而宋去殷猶未遠歟？杞文獻不足，宋或典籍散逸而文籍猶有存歟，或先哲凋謝而賢者猶有存歟。《語》曰「如用之，則吾從先進」，此曰「今用之，吾從周」。豈不以周禮至春秋之時，已非復周公制作之舊？「如用之」者，孔子設言其或用禮樂則如此；「今用之」者，孔子明言天下之所通用者，今如此也。孔子雖不欲徇時俗之弊，而亦不敢不循時王之制也，此所以爲孔子之時中也。

右第二十八章。

承上章「爲下不倍」而言，亦人道也。

二十九章

王天下有三重焉，其寡過矣乎！王，去聲。

呂氏曰：「三重，謂議禮、制度、考文。惟天子得以行之，則國不異政，家不殊俗，而人得寡過矣。」

上焉者雖善無徵，無徵不信，不信民弗從；下焉者雖善不尊，不尊不信，不信民弗從。

上焉者，謂時王以前，如夏、商之禮雖善，而皆不可考。下焉者，謂聖人在下，如孔子雖善於禮，而不在尊位也。方氏曰：問：「程子以『上焉者』爲三王以前，『下焉者』爲五霸諸侯之事；朱子以『上焉者』爲夏、商，『下焉者』爲孔子，二説孰是？」曰：「上焉者『無徵』，則夏、殷也，經已言之。下焉者『雖善不尊』，舍孔子誰當之？若五霸，則其善不足稱矣。故上焉者無徵，則當以時言；下焉者不尊，則當以位言。上乎周而爲夏、商，禮非不善，然既於今無所徵，則民將疑而不信；下而不獲用於周，如孔子者，德非不善，然不得顯位以行之，則民將玩而不信矣。」

故君子之道：本諸身，徵諸庶民，考諸三王而不謬[一]，建諸天地而不悖，質諸鬼神而無疑，百世以俟聖人而不惑。

此「君子」，指王天下者而言。其道，即議禮、制度、考文之事也。本諸身，有其德也。徵諸庶民，驗其所信從也。建，立也，立於此而參於彼也。天地者，道也。鬼神者，造化之迹也。百世以俟聖人而不惑，所謂聖人復起，不易吾言者也。《語録》：此「天地」只是道耳，謂吾建於此，而於道不相悖。○問：「鬼神，只是『龜從筮從』與『鬼神合其吉凶』否？」曰：「亦是。然不專在此，只是合鬼神之理。」○此段第一、第二句，是以人己對言；第三、第六句，是以古今對言；第四、第五句，是以隱顯對言。「考諸三王而不謬」，「百世以俟聖人而不惑」，猶所謂過去未來也。○《通》曰：朱子謂此段須先識取聖人功用之大，及其氣象規模廣闊處。蓋大而議禮、制度，小而考文，莫不有以新天下之視聽，而能一天下之心。徵諸庶民而庶民合，建質天地、鬼神，而天地、鬼神合。前聖之已往、後聖之未來，無不合者，其功用如此宏大悠遠，而其本領只在人主一身上。前章曰「有其德」，此曰「本諸身」，《章句》曰「本諸身者，有其德也」。前章言無德位而作禮樂，其終也災必逮身；此言有德有位而作禮樂，其始也必本諸身。事有不本諸身而爲之者，其末也災不

[一] 「謬」，今本《四書章句集注》作「繆」。

逮身，鮮矣。

質諸鬼神而無疑，知天也；百世以俟聖人而不惑，知人也。

知天、知人，知其理也。《語録》：此段説「知天」、「知人」處，雖只舉後世與鬼神言，其實是總結上四句之義。○陳氏曰：鬼神，天理之至也；聖人，人道之至也。惟知天理之至，所以無疑；惟知人道之至，所以不惑。

是故君子動而世爲天下道，行而世爲天下法，言而世爲天下則。遠之則有望，近之則不厭。

動，兼言、行而言。道，兼法、則而言。法，法度也。則，準則也。《語録》：行有可踐之實，故言法；言未見於行事，故以其言爲準而行之。○《通》曰：上文言質鬼神、俟百世，要其終也；此中言徵庶民之意，原其始也。

《詩》曰：「在彼無惡，在此無射。庶幾夙夜，以永終譽！」君子未有不如此而蚤有譽於天下者也。惡，去聲。射，音妒，《詩》作斁。

《詩》，《周頌·振鷺》之篇。射，厭也。所謂此者，指「本諸身」以下六事而言。

《通》曰：引《詩》「在彼無惡，在此無射」，「以永終譽」，徵諸民也；「庶幾夙夜」，本諸身也。

右第二十九章。

承上章「居上不驕」而言，亦人道也。

三十章

仲尼祖述堯、舜，憲章文、武；上律天時，下襲水土。

祖述者，遠宗其道。憲章者，近守其法。陳氏曰：堯、舜，人道之極，故宗之；法度，至周而備，故守之。

律天時者，法其自然之運。襲水土者，因其一定之理。《語録》：下襲水土，是因土地之宜，所謂「安土敦乎仁」，無往而不安。

皆兼内外、該本末而言也。永嘉陳氏曰：律天時者，大則顯晦屈伸；襲水土者，小則採山釣水。細底道理，爲本、爲内；麄底事物，爲末、爲外。○方氏曰：中庸之道，至仲尼而集大成，故此書之末，以仲尼明之。道著於堯、舜，故「祖述」焉；法詳於文、武，故「憲章」焉。仕、止、久、速之各當其可，用、舍、行、藏之一安乎天，夫是之謂「律天時」；居魯而逢掖，居宋而章甫，修其教不易其俗，齊其政不易其宜，使五方之民各安其常，各成其性，夫是之謂「襲水土」。○饒氏曰：上二句，言學之貫乎古今；下二句，言學之該乎穹壤，即所謂「仲尼焉不學」者也。○《通》曰：「中」之一字，堯、舜始發之。自堯、舜至文、武，相傳只是此「中」；天時、水土，亦只此「中」。於堯、舜曰「祖述」，而於文、武則曰「憲章」；於天時曰「上律」，而於水土曰「下襲」，便見夫子之時中。「遠宗其道」，法不在乎道之外；「近守其法」，道皆寓乎法之中，此兼内外該本末而言也。「律天時」，如「不時不食」是末，「夫子聖之時」是本；「襲水土」，如居魯而逢掖、居宋而章甫是末，「安土敦仁」是本，此兼内外、該本末而言也。

辟如天地之無不持載，無不覆幬，辟如四時之錯行，如日月之代明。辟，音譬。幬，徒報反。

錯，猶迭也。此言聖人之德。饒氏曰：持載如地，「博厚」之至也；覆幬如天，「高明」之至也；錯行代明，如日月四時，「悠久」之至也。三者亦知、仁、勇之類。

萬物並育而不相害，道並行而不相悖，小德川流，大德敦化，此天地之所以爲大也。

悖，猶背也。天覆地載，萬物並育於其間而不相害；四時日月，錯行代明而不相悖。所以不害、不悖者，小德之川流；所以並育、並行者，大德之敦化。小德者，全體之分；大德者，萬殊之本。川流者，如川之流，脈絡分明而往不息也。敦化者，敦厚其化，根本盛大而出無窮也。此言天地之道，以見上文取辟之意也。《語録》：大德，是敦那化底；小德，是流出那敦化底出來。便如忠恕，「忠」便是做那恕底，「恕」便是流出那忠來底；如中和，「中」

便是大德敦化，「和」便是小德川流：只是一箇道理。○此言天地之大如此。言天地，則見聖人矣。○黄氏曰：「大德」是心之本體，無許多大底，亦做不得小底出來。○范陽張氏曰：不曰「夫子」，而曰「此天地之所以爲大」，意謂夫子没矣，不可得而見也。觀諸「天地」，其亦庶幾乎！○《通》曰：天能覆而不能載，地能載而不能覆。春夏生長，秋冬肅殺，日明乎晝，月明乎夜，是各得陰陽之偏；而聖人之德，則會夫陰陽之全。小德川流，是其粲然者也；大德敦化，是其渾然者也。渾然者，所以並育、並行，而粲然者已包於其中；粲然者，所以不害、不悖，而亦不過自渾然中流出。故粲然者，全體之分，即所謂率性之道，即所謂時中之中；渾然者，萬殊之本，即所謂天命之性，即所謂未發之中。「大德敦化」四字，即是首章「大本」二字；《章句》以爲「根本盛大而出無窮」，即首章《章句》所謂「天下之理皆由此出」也。始以天地喻夫子，終謂夫子即天地；且不曰「天地之大」，而曰「天地之所以爲大」：夫子，其即太極矣乎！

右第三十章。

言天道也。

三十一章

唯天下至聖，爲能聰明睿知，足以有臨也；寬裕温柔，足以有容也；發强剛毅，足以有執也；齊莊中正，足以有敬也；文理密察，足以有别也。知，去聲。齊，側皆反。别，彼列反。

聰明睿知，生知之質。臨，謂居上而臨下也。其下四者，乃仁、義、禮、智之德。文，文章也。理，條理也。密，詳細也。察，明辨也。饒氏曰：《章句》以「四者」爲仁、義、禮、知之德，如此則只是四德；於「溥博」之下文言「五者之德」，何也？此章專説小德。就五者而論，則聰明睿知，又是小德之大德。聰屬耳，明屬目，睿、知屬心。睿則能思，知則能知。思屬動，魂之爲也；知屬静，魄之爲也。心者，魂魄之合。魂能知來，有所未知，則思索而知之，陽之靈也；魄能藏往，其已知則存而記之，陰之靈也。一陰一陽，相爲配對。

溥博淵泉，而時出之。

溥博，周徧而廣闊也。淵泉，静深而有本也。出，發見也。言五者之德，充積於中，而以時發見於外也。

溥博如天，淵泉如淵。見而民莫不敬，言而民莫不信，行而民莫不説。見，音現。説，音悦。

言其充積極其盛，而發見當其可也。陳氏曰：「『充積極其盛』，言上二句；『發見當其可』，言下三句。」

是以聲名洋溢乎中國，施及蠻貊。舟車所至，人力所通，天之所覆，地之所載，日月所照，霜露所隊，凡有血氣者，莫不尊親，故曰配天。施，去聲。隊，音墜。

「舟車所至」以下，蓋極言之。配天，言其德之所及，廣大如天也。《通》曰：《中庸》言仁、義、禮、知凡二：第二十章言親親之仁、尊賢之義、等殺之禮、知天之知，而曰「不可不知」；此章則仁、義、禮、知之本於生知者也。惟其生知，故此德充積於中者，自然以時發見於外；充積極其盛，故發見自然當其可。《章句》既曰「以時發見」，又曰「當其可」，只是形容一「時」字，即所謂「時措之宜」，即所謂「時中」之「中」也。

右第三十一章。

承上章而言小德之川流，亦天道也。

三十二章

唯天下至誠，爲能經綸天下之大經，立天下之大本，知天地之化育。夫焉有所倚？夫，音扶。焉，於虔反。

經、綸，皆治絲之事。經者，理其序而分之；綸者，比其類而合之也。饒氏曰：譬如君君臣臣，此是分而理之；君仁於臣、臣敬於君，此是比而合之。**經，常也。大經者，五品之人倫。大本者，所性之全體也。惟聖人之德極誠無妄，故於人倫各盡其當然之實，而皆可以爲天下後世法，所謂經綸之也。其於所性之全體，無一毫人欲之僞以雜之，而天下之道千變萬化，皆由此出，所謂立之也。其於天地之化育，則亦其極誠無妄者有默契焉，非但聞見之知而已。**《語録》：問：「《中庸》兩處説『至誠』，而其結語一則曰『贊化育』，一則曰『知化育』。『贊』與『知』，如何分？」曰：「盡其性者，是自裏面説將去。故盡其性，則能盡人、物之性，以贊化育也。經綸大經，是從下面説上去，如修道之教是也。立大本，是静而無一息之不中處；知化育，則知天理之流行矣。」○陳氏曰：「知」字不可以「聞見之知」論，只如肝膽相照一般。「聖人之德極誠無妄」，其生育變化萬物之功，與天地造化吻合交契，渾融一體，所謂「知」也。

此皆至誠無妄，自然之功用，夫豈有所倚著於物而後能哉？《語録》：問：「夫焉有所倚？」曰：「自家都是實理，無些欠缺，經綸自經綸，立本自立本，知化育自知化育，不用倚靠他物事，然後能如此。」○方氏曰：思誠者，必靠倚誠爲骨子，然後能知能行；若至誠，則自然流出，不待用力。故無所倚靠，不説到「誠」字了。○饒氏曰：上章至聖，從生知之知發出來，猶是有所憑借；此章至誠，本無聲臭，果何所倚哉？

肫肫其仁！淵淵其淵！浩浩其天！ 肫，之純反。

肫肫，懇至貌，以經綸而言也。淵淵，靜深貌，以立本而言也。浩浩，廣大貌，以知化而言也。其淵、其天，則非特如之而已。《語録》：肫肫其仁者，人倫之間若無些仁厚意，則父子兄弟皆不相管攝矣。○饒氏曰：「肫肫其仁，如何以配經綸大經？」曰：「仁者，人也。大經，則是箇人道；人而不仁，何足以爲人哉？上文大經是道，大本是性，性乃大經之本也；天地化育是命，又大經、大本之所從出也。此則『肫肫其仁』是説道，而『淵淵其淵』是説性，『浩浩其天』是説命。」問：「性、命如何分『天』、『淵』？」曰：「性是『成之者性』，指已定之理而言也；命是『繼之者善』，指理之流行而賦於物者而言也。二者有動靜之分，故一屬地，一屬天。自聖人言之，則靜定而存主處即是性，應用而流行處即是命。其與天地之理一也，故曰『其淵』、『其天』。前章曰『如天』、『如淵』，猶是聖人與天地相比並；至此則曰『其天』、『其淵』，則聖人與天地爲一矣。」

苟不固聰明聖知達天德者，其孰能知之？「聖知」之知，去聲。

固，猶實也。鄭氏曰：「唯聖人能知聖人也。」饒氏曰：固，當爲固有之固，本來之義也。○玉淵張氏曰：上章云「凡有血氣者，莫不尊親」，此云「苟不固聰明聖知達天德，其孰能知之」。上章言小德，條理分明，人所易見；此章言大德，無聲無臭，非聖人不能知之。○《通》曰：大經是「道」，大本是「性」，化育是「命」。首章由造化説聖人，故曰命、曰性、曰道，由體之隱達於用之費也；此章言聖人之所以爲造化，則曰道、曰性，而後曰命，由用之費而原其體之隱也。前曰「贊化育」，此曰「知化育」：「贊」云者，至誠之功，有補於天地；「知」云者，至誠之心，無間於天地也。前章「以時出之」，是小德之川流，是時中之中；此章「大本」，是大德之敦化，是未發之中。首章曰「中者，天下之大本」，此則揭以「立」之一字：「大本」是所性之全體，本無一毫人欲之僞以雜之也；「立」字不是用力字。前章「以時出之」，則爲時中，凡天下之人皆得以知之；此章「大本」之中，渾然在中者也，非聰明聖知達天德者，孰能知之？

右第三十二章。

承上章而言大德之敦化，亦天道也。前章言至聖之德，此章言至誠之道。然至誠之道，非至聖不能知；至聖之德，非至誠不能爲，則亦非二物矣。此篇言聖人

天道之極致，至此而無以加矣。葉氏曰：至聖，指發用神妙而言，乃上文「小德川流」之意；至誠，指大經大本之實理而言，乃上文「大德敦化」之意。非至聖無以顯至誠之全體，非至誠無以全至聖之妙用：其實非二物也。○《通》曰：自「大哉聖人之道」章至此章，爲第五大節。

三十三章

《詩》曰「衣錦尚絅」，惡其文之著也。故君子之道，闇然而日章；小人之道，的然而日亡。君子之道：淡而不厭，簡而文，温而理，知遠之近，知風之自，知微之顯，可與入德矣。衣，去聲。絅，口迥反。惡，去聲。闇，於感反。

前章言聖人之德，極其盛矣。此復自「下學」立心之始言之，而下文又推之以至其極也。葉氏曰：上三章極言孔子體天之德，與夫至聖、至誠之功用，中庸之道至矣、盡矣。子思又慮學者馳騖於高遠，而忘下學之工夫，而或失其指歸，故此章總論必自下學務内、至親至切言之，然後極於至精至微，不可擬議之地。

《詩·國風·衛·碩人》、《鄭》之《丰》，皆作「衣錦褧衣」。褧，絅同，禪衣也。《語録》：古注以爲禪衣所以襲錦衣者，「禪」與「單」字同。沈括謂「絅」與「檾」同，是用檾麻織疏布爲之。

尚，加也。古之學者爲己，故其立心如此。「尚絅」，故「闇然」；「衣錦」，故有「日章」之實。《語録》：只暗暗地做工夫處，這理自掩蔽不得。〇陳氏曰：衣錦者，美在其中；尚絅者，不求知於外。古之學者，只欲此道理會得於己，不是欲求人知。惟不求人知，所以闇然。雖曰「闇然」，而道理自彰著而不可掩，猶「衣錦尚絅」，而錦之文采自然著見於外也。

淡、簡、温，絅之襲於外也；「不厭」而「文」且「理」焉，錦之美在中也。小人反是，則暴於外而無實以繼之，是以「的然而日亡」也。遠之近，見於彼者由於此也。風之自，著乎外者本乎内也。微之顯，有諸内者形諸外也。《語録》：知遠之近，是以己對物言，知在彼之是非，由在我之得失。知風之自，是知其身之得失，由乎心之邪正。知微之顯，又專指心説就裏來。知遠之近、知風之自，據表而知裏也；知微之顯，由内以達外也。

有爲己之心，而又知此三者，則知所謹而可入德矣。故下文引《詩》言謹獨之事。

《通》曰：首章是一篇體要，末又舉一篇之要而約言之。故《章句》發明此章，多與首章相應。此曰「自下學立心之始言之」，又曰「古之學者爲己，故其立心如此」；首章説「性」、「道」、「教」，以爲「原其所自，無一不本於天而備於我。學者知之，則其於學知所用力而自不能已矣」。夫「於學知所用力而自不已」者，爲己之學也，此所以爲下學立心之始也。且立心以爲爲己之學，但當求其在我者而已，何以文之著爲哉？文，非本也。所以惡其文之著者，蓋欲深求其本於天而備於我者也。《中庸》分君子、小人而言者凡二：第二章言「君子中庸，小人反中庸」，是其爲君子、小人者，可見於行事之際；此則言其所以爲君子、小人者，已見於立心之始。淡而無味，其味最長；簡而無文，其文自章。温不求其理，而無有不合於條理者，此君子爲己之學也。不求其文之著，而自不能不著者也；小人則反是矣。《中庸》既舉其立心之始當如此，而又提起三「知」字，曰「知遠之近」、「知風之自」、「知微之顯」，而下文遂以「慎獨」、「戒懼」之事繼之，即《章句》所謂「知其在我者，則戒慎恐懼而無時不中」者也。《章句》之旨融徹如此，學者不可不細玩。

《詩》云：「潛雖伏矣，亦孔之昭！」故君子内省不疚，無惡於志。君子之所不可及者，其唯人之所不見乎！惡，去聲。

《詩》，《小雅·正月》之篇。承上文言「莫見乎隱，莫顯乎微」也。疚，病也。**無惡於志，猶言無愧於心，此君子謹獨之事也。**陳氏曰：潛雖伏矣，即首章隱微處；亦孔之昭，即首章莫見莫顯處。

《詩》云：「相在爾室，尚不愧于屋漏。」故君子不動而敬，不言而信。相，去聲。

《詩》，《大雅·抑》之篇。相，視也。屋漏，室西北隅也。《語録》：古人室在東南隅開門，東北隅爲突，西北隅爲屋漏，西南隅爲奥。人纔進便先見東南隅，却到西北隅，然後始到西南隅，此是至深密之地。《曾子問》謂之「當室之白」。孫炎曰：「當室，日光所漏入也。」

承上文又言君子之戒謹恐懼，無時不然，不待言動而後敬信，則其「爲己」之功益加密矣。故下文引《詩》并言其效。陳氏曰：此處一節密一節。首章先説戒謹恐懼，後説慎獨，是從内面發出來；此處先説慎獨，後説戒謹恐懼，是從外面説入。○《通》曰：上文引《詩》，但見學者有爲己之心；此兩引《詩》，方見學者有爲己之學。首章言慎獨，此言人之所不見即是獨，内省不疚即是慎獨。内省而少有一髮之疚，則是胸中猶有可惡之處，故必無疚然後無惡，此爲己之功也。首章言戒懼不睹、恐懼不聞，蓋動則有可睹，此不動而敬，即是戒慎乎其所不睹；言則有可聞，此不言而信，即是恐懼乎其所不聞。諸家以敬信爲民敬信，《章句》以爲己之敬信，與下文「篤恭」相應，此又爲己之功益加密者也。首章先戒慎而後言慎獨，由静時功夫説到吾心方動之幾；此章先慎獨而後言戒慎，由動時工夫説歸吾心至静之極。愈静愈敬，其爲己之功可謂密矣。

《詩》曰：「奏假無言，時靡有爭。」是故君子不賞而民勸，不怒而民威於鈇鉞。假、格同。鈇，音夫。

《詩》，《商頌·烈祖》之篇。奏，進也。承上文而遂及其效，言進而感格於神明之際，極其誠敬，無有言説而人自化之也。威，畏也。鈇，莝音剉斫刀也。鉞，斧也。

《詩》曰：「不顯惟德！百辟其刑之。」是故君子篤恭而天下平。

《詩》，《周頌·烈文》之篇。不顯，説見二十六章，此借引以爲幽深玄遠之意。承上文言天子有「不顯」之德，而諸侯法之，則其德愈深而效愈遠矣。《語録》：「不顯」二字，二十六章者别無他義，故只用《詩》意；卒章所引，緣自章首「尚絅」之云，與章末「無聲無臭」，皆有隱微深密之意，故知其當别爲一義，與《詩》不同也。

篤，厚也。篤恭，言不顯其敬也。篤恭而天下平，乃聖人至德淵微，自然之應，中庸之極功也。《語録》：此章到「篤恭而天下平」，已是極處結局了。所謂「不顯其德」，幽深玄遠，無可得而形容。雖下面「不大聲以色」、「德輶如毛」，皆不足以形容，直是「無聲無臭」到無迹之可尋然後已。他人孰不恭敬，然不能平天下；聖人篤恭，天下便平，都不可測了。〇陳氏曰：此章至此，凡五引《詩》：頭節説學者須爲己，不求人知；第二節説致謹於人所不見處；第三節説不特人所不見，雖己所不睹不聞處，亦當致敬；第四節説不待言説而人自化之；第五節説不顯、篤恭，聖人至德功效有自然之應，乃中庸之極功也。〇《通》曰：此兩引《詩》，承上文「不動而敬，不言而信」，而極言其效也。惟其不言亦信，所以無言而人自信之，有不待賞罰而化者；惟其不動亦敬，故篤恭不顯其敬也，而天下自平。篤恭而天下平，即首章致中與和，而天地位、萬物育也。特首章是致其中，而後致其和；此謂之「篤恭」者，已致其和，而益致其中也。爲己之功愈密，則德愈深而效愈遠如此。二十六章「於乎不顯」，謂「豈不顯也」，此獨借以爲幽深玄遠之意者，所引《詩》一曰「衣錦尚絅」，已有不顯之意；二曰「潛伏」，三曰「屋漏」，皆不顯之地；四曰「無言」，以至下文曰「不大」、曰「無聲無臭」，則形容不顯之至矣。夫德顯而百辟刑之，宜也；不顯而天下自平，其妙殆有不可測者。要之，中者性之德，不顯之德即未發之中。戒慎恐懼，是於喜怒哀樂未發之時而敬也。此時而敬，是「不顯其敬」，此所以爲至德之淵微，而有自然之應也。

《詩》云：「予懷明德，不大聲以色。」子曰：「聲色之於以化民，末也。」《詩》曰「德輶如毛」，毛猶有倫。「上天之載，無聲無臭」，至矣。輶，由、酉二音。

《詩》，《大雅·皇矣》之篇。引之以明上文所謂「不顯」之德者，正以其不大聲與色也。又引孔子之言，以爲聲色乃化民之末務。今但言不大之而已，則猶有聲色者存，是未足以形容不顯之妙。不若《烝民》之詩所言「德輶如毛」，則庶乎可以形容矣。而又自以爲謂之「毛」，則猶有可比者，是亦未盡其妙。不若《文王》之詩所言「上天之事〔二〕，無聲無臭」，然後乃爲不顯之至耳。蓋聲、臭有氣無形，在物最爲微妙，而猶曰「無之」，故惟此可以形容「不顯」、「篤恭」之妙。非此德之外，又別有是三等，然後爲至也。《語錄》：自「衣錦尚絅」以下，「淡而不厭，簡而文，温而理」，皆是收斂近裏。「知遠之近，知風之自，知微之顯」，一句緊一句，又說得愈密。學者能如此收斂，雖未可便謂之德，亦可以入德矣。其下方言「不愧屋漏」，方能以謹獨涵養；其曰「不動而敬，不言而信」，蓋不動、不言時，已是敬、信底人了。又引《詩》「不顯惟德」、「予懷明德」、「德輶如毛」言之，一章之中皆只是發明箇「德」字。然所謂德者，實無形狀，故以「無聲無臭」終之。○此章八引《詩》，一步退似一步，都用那「不言」、「不動」、「不顯」、

〔二〕「事」，《四書章句集注》司禮監本作「載」。

「不大」底字，直說到「無聲無臭」，則至矣。○首章是自裏說出外面，蓋自天命之性說到天地位、萬物育處；末章却自外面一節收斂入一節，直約到裏面無聲無臭處，此與首章實相表裏也。○饒氏曰：德輶如毛，亦未足以形容不顯之妙，必「上天之載，無聲無臭」，然後足以形容。此便是未發之中，便是天命之性，蓋一篇之歸宿也。○王氏曰：此章是結尾，舉一篇工夫之要。約而言之，所謂「藏於密」者也。○【《通》曰】：此章八引《詩》，當作四節看，節節意相承。第一節承上章「極致」之言，恐學者騖於高遠，首引「尚絅」之詩，言下學立心之始，結之以「知微之顯」。第二節承「知微之顯」之語，引「潛雖伏矣，亦孔之昭」以實之，自慎獨說歸戒慎恐懼，而結之以「不動而敬，不言而信」。第三節承「不言不動」之語，引《詩》云「無言」、「不顯」，以極其效如此。第四節承「不顯」之語，三引《詩》至於「無聲無臭」，以形容不顯之妙。至如此，朱子又恐學者因「無聲無臭」之語，而又騖於高遠也，故結之曰：「非此德之外有此三等，然後爲至也。」蓋所引之《詩》似有等級，然其妙非杳冥昏默之謂，非虛無寂默之謂也，故必提起「德」之一字言之。首章曰「道」，此章曰「德」：「道」字說得廣闊，「德」字說得親切。德者，得此道於心而不失者也。首章開端一「天」字，原其所自也。此道之在我者，無不本諸天也。此章結末一「天」字，要其所成也。德之成，則能不失其道之在我者，即不失其本諸天者也。至此則我本於天、天備於我，又不過即其初天命之性爾。是無聲無臭之天，即吾不顯之德；而不顯之德，即吾渾然未發之中者也。子思子首章獨提此一「中」字，即周子所謂「無極而太極」也；末又約而歸之於此，即周子所謂「太極本無極」也。子思始引夫子之言，曰「中庸之德，其至矣乎」，衆人之所可至也；此言中庸之極功，故以「不顯之德」贊其至，聖人之所獨至也。然聖人之所以爲德之至者，不過敬之至而已。敬者，聖學之所以成始而成終也，故此書以慎獨、戒慎終始焉。

右第三十三章。子思因前章極致之言，反求其本，復自「下學」、「爲己」、「謹獨」之事，推而言之，以馴致乎「篤恭而天下平」之盛。又贊其妙，至於「無聲無臭」而後已焉。蓋舉一篇之要而約言之，其反復丁寧示人之意，至深切矣，學者其可不盡心乎！

《通》曰：右須看「極致」、「馴至」四字。極致者，上達之事也；馴至者，下學而上達之事也。天理不離乎人事，下學人事即所以上達天理。雖其妙至於無聲無臭，然其本皆實學也。此書開示學者之始事，則始之以「天」；深期學者之終事，則亦終之以「天」。其始也，學者知之，則知所用力自不能已矣；其終也，學者可不盡心乎？朱夫子教人深意，始終備見，學者宜敬勉焉。○此一章爲第六大節。

中庸卷下

《四書通》序

《四書通》何爲而作也？懼夫讀者得其辭未通其意也。「六經」，天地也；「四書」，行天之日月也。子朱子平生精力之所萃，而堯、舜、禹、湯、文、武、周、孔、顔、曾、思、孟之心之所寄也。其書推之極天地萬物之奥，而本之皆彝倫日用之懿也；合之盡於至大，而析之極於至細也。言若至近而涵至永之味，事皆至實而該至妙之理。學者非曲暢而旁通之，未易謂之知味也；非用力之久而一旦豁然貫通焉，未易謂之窮理也。余老矣，潛心於此者餘五十年，謂之通矣乎？未也。獨惜乎疏其下者，或泛或舛，將使學者何以決擇於取捨之際也。嗚呼！此余所以不得不會其同而辨其異也。會之，庶不失其宗；辨之，庶不惑於似也。余不敢自謂能通子朱子之意，後之通者儻恕其僭而正其所未是，則余之所深冀也。

泰定甲子九月旦日，新安胡炳文序

《四書通》序

「四書」之學，初表章於河南二程先生，而大闡明於考亭朱夫子。善讀者先本諸經，而次及先儒論著，又次考求朱夫子取捨之説，可與言學矣。然習其讀而終莫會其意，猶爲未善也。《纂疏》、《集成》，博採諸儒之言，亡慮數十百家，使學者貿亂而無所折衷，余竊病焉。近世爲圖爲書者益衆，大抵於先儒論著及朱夫子取捨之説有所未通，而遽爲臆説以衒於世。余嘗以謂昔之學者常患其不如古人，今之學者常患其不勝古人。求勝古人而卒以不如，予不知其可也。今新安雲峰胡先生之爲《四書通》也，悉取《纂疏》、《集成》之戾於朱夫子者，删而去之；有所發揮者，則附己説於後。如譜昭穆，以正百世不遷之宗，不使小宗得後大宗者，懼其亂也。漢世定論經傳於白虎閣，因名曰《白虎通》；漢末，封司馬遷後爲「史通」，「通」之爲義尚矣。若夫習其讀而會其意，此又學者之事，庶無負先生名書之旨云。

泰定三年良月朔旦，巴西鄧文原叙

欽定四庫全書薈要・《四書通》提要

臣等謹案，《四書通》二十六卷，元胡炳文撰。炳文，號雲峰，新安人。先是蔡模[二]有《四書纂疏》，吴真子有《四書集成》，皆闡朱子之學，炳文謂其尚有與朱子相戾者，因重爲刊削，附以己説，以成此書。所取於《纂疏》、《集成》者凡十四家，增於二書之外者又四十五家。自序云「會其同而辨其異」，「會之，不失其宗；辨之，不惑於似」，已盡著作之意矣。觀其凡例，於一字之筆誤，及刊本先後之差别，悉加考正，則用心亦勤且密矣。泰定間，有張存中者賫此書，鎸於建陽，又作《四書通證》以佐之，稱四書「至《集成》而理晦，雲峰去其晦而取其明，則理通；《箋義》出而事繁，去其繁而存其簡，則事亦通」。雖不免標榜太過，然皆可資討論，究愈於後來之陋本。又朱子《章句集注》所引凡五十四家，今多不知爲誰，是書尚一一載其名字，亦足備考正云。乾隆四十年十月恭校上。

總纂官臣紀昀臣陸錫熊臣孫士毅

總　校　官臣陸　費　墀

[二] 蔡模，當爲趙順孫。蔡氏所著爲《四書集疏》。

後記

「四書」不僅標誌著經學範式的迭異，且還形塑了中國士人的心靈。延祐復科，《四書章句集注》位列官學；後至永樂，《四書大全》成而漢唐古注廢。考其沿革，《四書通》上承《集注》，下啓《大全》，善師古意而不拘於舊，精研宏旨而弗遺於細；非惟「朱子學」之嬗變，亦藴「陽明學」之先聲。

程子以《大學》爲「初學入德之門」，朱子贊《中庸》乃「孔門傳授心法」。次第固有先後，義理却無小大，雲峰先生就此發微：《大學》言心不言性，故朱子於《序》言性詳焉；《中庸》言性不言心，故朱子於《序》言心詳焉。兩書脈絡通貫、顯隱無間，是爲此番合刊之理據。

庚子春，承蒙楊師國榮、陳師衛平、付師長珍、方師勇垂念，朱華華女史襄助，拙校《孟子通》得遇時潤民先生責編。嵩賴其嚴謹細致，該書忝獲全國古籍出版社百佳圖書（二〇二〇年度）華東地區古籍優秀圖書獎一等獎；後更不辭辛勞，在承擔多部大型叢書的編輯工作下，慨然俯允續爲責編本書，數匡愚之不逮，特致謝忱。

陳師立勝屢爲校稿費心，並將部分章節納入讀書會討論；整理期間，馮師達文、陳師少明、李師蘭芬、楊師海文、周師春健及曲園同仁護念教正，在此一併致以誠摯謝意！

點校原爲師生切磋而設，與徐軒、管習化、田羽三位仁棣共學之樂，彌足珍貴。願以此書，紀之念之。

付梓在即，幸得黄師俊傑再度題籤。師每每自謙不善書道，却樂爲不佞唐突干請而揮毫，扶掖潤澤，銘感五内！

《大學通》、《中庸通》分别係國家社科基金「知類·明故·窮理：告孟之辯的意義譜系」與「先秦儒家『成人』思想的形上意蘊研究」階段性成果；本次出版又獲泰山學者工程專項經費、山東省高等學校「青創團隊計劃」等資助，特此鳴謝。

程子言：「孟子有功於聖門，不可勝言。」竊以爲，雲峰先生有功於朱門，亦不可勝言；遠非「堅持門户，偏主一家」，所能道盡。

囿於學殖譾陋，爲免玉簡蒙瑕，尚祈方家教正！

甲辰夏　整理者謹識於山海天